DINÂMICAS E OFICINAS PARA UMA EXPERIÊNCIA DE DEUS NA CATEQUESE

Dados Internacionais de Catalogação na Publicação (CIP)
(Câmara Brasileira do Livro, SP, Brasil)

Dinâmicas e oficinas para uma experiência de Deus na catequese / Elisa Calderón Aguilar...[et al.] ; [tradução Carolina Caires Coelho]. – Petrópolis, RJ : Vozes, 2020.

Outros autores: Maria Luísa Núñez, Angelita Gómez Rubio, Donaciano Martínez Álvarez, José Luis Saborido Cursach.

Título original: Talleres para la experiencia de Dios

Bibliografia.

ISBN 978-85-326-6328-3

1. Catequese 2. Catequese – Igreja Católica 3. Educação religiosa I. Calderón Aguilar, Elisa. II. García Núñez, Maria Luísa. III. Gómez Rubio, Angelita. IV. Martínez Álvarez, Donaciano. V. Saborido Cursach, José Luis.

19-30714   CDD-268.82

Índices para catálogo sistemático:
1. Catequese : Igreja Católica : Cristianismo   268.82

Cibele Maria Dias – Bibliotecária – CRB-8/9427

Elisa Calderón Aguilar, SMR
Maria Luísa García Núñez
Angelita Gómez Rubio
Donaciano Martínez Álvarez
José luis Saborido Cursach, SJ

DINÂMICAS E OFICINAS PARA UMA EXPERIÊNCIA DE DEUS NA CATEQUESE

Tradução de Carolina Caires Coelho

EDITORA VOZES

Petrópolis

© 2017, AECA
© 2017, PPC, Editorial y Distribuidora, S.A.

Título do original em espanhol: *Talleres para la experiencia de Dios*

Direitos de publicação em língua portuguesa – Brasil:
2020, Editora Vozes Ltda.
Rua Frei Luís, 100
25689-900 Petrópolis, RJ
www.vozes.com.br
Brasil

Todos os direitos reservados. Nenhuma parte desta obra poderá ser reproduzida ou transmitida por qualquer forma e/ou quaisquer meios (eletrônico ou mecânico, incluindo fotocópia e gravação) ou arquivada em qualquer sistema ou banco de dados sem permissão escrita da editora.

CONSELHO EDITORIAL

Diretor
Gilberto Gonçalves Garcia

Editores
Aline dos Santos Carneiro
Edrian Josué Pasini
Marilac Loraine Oleniki
Welder Lancieri Marchini

Conselheiros
Francisco Morás
Ludovico Garmus
Teobaldo Heidemann
Volney J. Berkenbrock

Secretário executivo
João Batista Kreuch

Diagramação e capa: Herio Estratégias Visuais
Revisão gráfica: Alessandra Karl

ISBN 978-85-326-6328-3 (Brasil)
ISBN I978-84-288-3073-7 (Espanha)

Mediante comum acordo com os editores da edição original, a tradução desta obra contou com adaptações para o contexto brasileiro, particularmente no tocante a algumas letras de música, poemas, contos, sempre procurando garantir o maior proveito da proposta por parte de nossos leitores, mas respeitando a originalidade e a intenção dos autores.

Editado conforme o novo acordo ortográfico.

Este livro foi composto e impresso pela Editora Vozes Ltda.

SUMÁRIO

Prefácio, 7

Apresentação: Caminhos concretos para uma catequese expeciencial, 9

Introdução: Uma iniciação cristã experiencial, 11

OFICINA 1 – O SILÊNCIO DA VIDA, 21

    1. Jovens, adultos e idosos, 24

    2. Crianças, 38

OFICINA 2 – NÃO É SÓ ISSO, 49

    1. Adultos, 51

    2. Jovens, 68

    3. Crianças, 73

OFICINA 3– NO FUNDO DE SUAS EXPERIÊNCIAS, 87

3.1 Oficina: A experiência do amor, 89

    1. Jovens, adultos e idosos, 91

    2. Crianças, 111

    1. Os amigos, 112

    2. A família, 122

3.2. Oficina: A experiência do "você", 132

    1. Jovens, adultos e idosos, 133

    2. Crianças, 146

3.3. Oficina: A experiência de alegria, 155

    1. Jovens, adultos e idosos, 156

    2. Crianças, 176

3.4. Oficina: A experiência do perdão, 189

    1. Jovens, adultos e idosos, 190

    2. Crianças, 226

Epílogo: Novos caminhos na transmissão da fé, 239

Índice, 241

Prefácio

Voltada ao mais profundo sentido das experiências humanas, está o sentido para a vida como um desejo que Deus inscreveu no coração do ser humano. Esta obra – *Dinâmicas e oficinas para a catequese* – propõe uma contribuição para a catequese poder gerar um processo personalizado para que seus diferentes interlocutores: crianças, adolescentes, jovens, adultos e idosos, possam reconhecer e experimentar Deus em suas vidas.

A dinâmica da vida nos conduz a uma automatização e aceleração em todas as dimensões, de modo que tudo parece entrar no quesito de precisar ser rápido e urgente. Quem não acompanhar este ritmo acelerado pode ficar no meio do caminho e ser tachado de inadequado. Mas, cabe-nos observar que essa "rapidez "tem consequências muito sérias em diversos campos do desenvolvimento e vida humana. No campo da educação da fé, na catequese, se faz necessário estar atentos ao que ocorre na dinâmica social, mas concomitantemente, oferecer recursos aos interlocutores para refletir sobre a realidade propiciando uma formação que dinamize o desenvolvimento de uma autoconsciência acerca dos aspectos essenciais da sua condição humana, voltada para um fim, ou seja, para conceder ao agir um sentido profundo, resultado de quem realiza o encontro pessoal e íntimo com o Senhor.

Viver a experiência de Deus numa dinâmica de iniciação cristã nos leva a questionar: O que é novo no atual contexto catequético? Qual a importância de formar discípulos missionários? Qual a finalidade e papel da catequese nesse processo? A estas questões muitas respostas podemos oferecer, mas uma essencialmente pode nos ajudar a reunir o que não podemos perder de vista: A Igreja que somos todos nós que seguimos Jesus Cristo, é chamada, hoje, a promover um encontro luminoso, um novo diálogo, com novos interlocutores, reconhecendo que nos encontramos em um momento histórico de transformações profundas e interlocuções novas.

Ciente dessas transformações que afetam os critérios de compreensão da vida, da família, da sociedade, a Igreja vive e age, impulsionada a buscar novos caminhos (Cf. CNBB, Doc.107, n. 39). Nesse contexto a catequese se propõe a oferecer um itinerário em vista do amadurecimento da fé, flexível, para impulsionar seus interlocutores a realizar uma experiência de Deus, vivendo com autenticidade o seguimento de Jesus colaborando com Ele na missão de fazer acontecer o Reino.

Neste livro a dinâmica proposta pelos autores prima em oferecer caminhos para fazer da catequese um processo experiencial da fé, propondo reflexões e dinâmicas que podem ser incorporadas no planejamento dos encontros de catequese. Assim, sensibilizam para o olhar interior e a percepção da beleza da convivência nos relacionamentos com o outro (mais próximo), com o próximo (desconhecido) e com Deus, abrindo as possibilidades aos seus interlocutores de virem a viver a missão de serem novos discípulos a partir da experiência de um encontro com o Senhor.

As palavras neste livro não são meras palavras; os valores e as virtudes são vislumbrados nas relações e resgatados por meio de reflexões que tocam profundamente o coração daqueles que se abrem para a *experiência de Deus na catequese*. O cuidado dos autores com todas as idades é um diferencial que convida a catequese a refletir de modo mais atento sobre a diversidade de pessoas, de crianças à idosos, a quem a proposta de encontro com o Messias precisa ser apresentada como uma maneira de cativar mais as pessoas, de tal maneira que lhes seja possível fazer a experiência impactante da verdadeira adesão a Jesus (cf. CNBB, Doc 107, n. 54).

A proposta deste livro, contempla a catequese como caminho para experiência de Deus em nossa vida. Para tanto, as oficinas tornam-se lugares para realizar esta experiência por meio de dinâmicas e reflexões que progressivamente facilitam as condições para que os interlocutores possam entrar em contato com o Senhor e viver a experiência de amar e sentir-se amado por Ele, deixando-se tocar por sua Presença. Desenvolver encontros de catequese, explorando este material encantador, é ter presente que os encontros catequéticos são meios para realizar um caminho processual de encontro com Deus e amadurecimento da fé. Os encontros podem ser ampliados com as propostas deste material vindo a contribuir com o manual utilizado, para ajudar seus interlocutores a entrarem sempre mais no mistério do amor de Deus e se inserir na comunidade eclesial para professar, celebrar, viver e testemunhar a sua fé.

Gratidão aos autores por compartilharem esta experiência!

Viviane Mayer Daldegan
Pedagoga, catequista,
atua na Pastoral dos Coroinhas e Acólitos,
professora de Ensino Religioso.

Apresentação

Caminhos concretos para uma catequese experiencial

O título *Dinâmicas e oficinas para a catequese – uma experiência de Deus* é, por si só, sugestivo. E também um pouco pretensioso. Está em jogo a mesma experiência de Deus que cada um de nós – autores, leitores e catequistas – tem, e a pretensão de que seja possível provocar essa experiência. Ao longo das páginas deste livro, procuramos determinar com exatidão o que abrange este título e sua intenção.

A ideia de realizarmos "oficinas para a experiência de Deus" surge de um processo de reflexão realizado no decorrer de vários anos – de 2003 a 2008 – dentro das jornadas anuais da AECA[1] (Associação Espanhola de Catequetas), que preparou um texto "programático" no qual apostava em um "novo paradigma da iniciação cristã". Nesse dissemos:

> Diante da aprendizagem própria do espaço escolar, a iniciação cristã requer um tipo de aprendizagem que afete toda a pessoa e promova uma renovação profunda de seu ser. Estamos diante de um tipo de aprendizagem que oferece oportunidades para provar, experimentar, perceber com todos os sentidos o valor e o sentido da fé em Jesus e da vida cristã (AECA, 2010, p. 49).

Depois de elaborarmos o quadro teórico desse novo "paradigma", quisemos dar mais um passo, procurando criar caminhos concretos para fazer da catequese, de fato, um processo "experiencial".

Talvez, um dos problemas fundamentais da catequese e da evangelização hoje, seja planejar e propor uma catequese sem experiência de fé personalizada.

---

1 AECA. *Hacia un nuevo paradigma de la iniciación cristiana*. Madri: PPC, 2010.

Uma catequese sem fé, ou pelo menos, sem experiência religiosa, é uma falácia. Daí surge a insistência atual, em todos os aspectos e etapas da catequese, por um "primeiro anúncio" da fé, um "primeiro anúncio" que não seja apenas um passo anterior à catequese em si, mas que ocorra permanentemente.

> Ao designar-se como "primeiro" este anúncio, não significa que o mesmo se situa no início e que, em seguida, se esquece ou substitui por outros conteúdos que o superam; é o primeiro em sentido qualitativo, porque é o anúncio *principal*, aquele que sempre se tem de voltar a ouvir de diferentes maneiras e aquele que sempre se tem de voltar a anunciar, de uma forma ou de outra, durante a catequese, em todas as suas etapas e momentos (*Evangelii Gaudium*, n. 164).

E este foi, assim, o processo de nossa reflexão nesses anos e a proposta de elaborar, de modo mais concreto, "oficinas para a experiência de Deus", que façam parte desse novo paradigma da iniciação cristã.

Donaciano Martínez foi o precursor nesse desafio, mostrando o sentido, a pedagogia e alguns caminhos possíveis para essa experiência. E quatro catequetas e catequistas – Elisa Calderón Aguilar, Maria Luísa García Núñez, Angelita Gómez Rubio e José Luis Saborido Cursach – procuraram concretizá-los nas oficinas que apresentamos neste livro.

Assim, queremos oferecer a possibilidade dessas oficinas servirem como oportunidades para viver a experiência de Deus dentro do planejamento catequético e fazer parte de seus programas, de modo a podermos alcançar uma visão transformadora da ação catequética na linha do novo paradigma da iniciação cristã. Na introdução, apresentaremos as explicações para tornar essa tarefa mais fácil, de modo a ajudar a viver a experiência reconhecida, detalhada, provada e confessada de um encontro com Deus.

Introdução

Uma iniciação cristã experiencial

O título desta obra permite que passemos diretamente a um discurso sobre Deus na catequese. Seria o tratamento mais fácil. É o que costumamos encontrar na documentação oficial e nos estudos sobre a catequese e que, portanto, está ao alcance de uma elaboração sem necessidade de despertar a imaginação e sem o esforço criativo que inclui essa reflexão. Mas nosso planejamento teórico e pedagógico-catequético nos leva por outro caminho.

1. MARCO-BASE DE COMPREENSÃO

Como planejamos o tema, não pretendemos descobrir que na riqueza e nas dimensões, nos objetivos e na meta, nas pedagogias e nas metodologias da catequese, "anda presente" a experiência de Deus; também não procuramos demonstrar que toda catequese é um caminho para a experiência na nossa vida do Deus manifestado em Jesus Cristo.

Nossa intenção é uma determinação mais concreta, pontual e específica, ainda que entendemos ser esta uma visão transformadora da ação catequética na linha do novo paradigma para a iniciação cristã.

Simplesmente, pretendemos que – dentro do próprio planejamento catequético e fazendo parte de seus programas – estejam presentes oficinas como lugares para viver a experiência de Deus. Essa é nossa proposta fundamental.

Opção pelo iniciático

Entre os fatores envolvidos para desenhar o novo paradigma está o predomínio da pedagogia iniciática; esta exige que o grupo catequético seja iniciado em experiências, se acostume a viver experiências e trabalhe para aprofundá-las. Dizíamos que, nesse sentido, a catequese "não procura dizer o que se deve fazer" com métodos mais ou menos ativos, mais ou menos experienciais (no sentido de ser evocadores e motivadores da vida); o que importa é que, no ato vivo da catequese, "trate-se de fazer o que se diz", pois "não se trata de propor para o que há de se viver, mas de viver o que se propõe"[2].

Com esse critério aplicado a nosso tema, precisamos dizer que, com nossa proposta, não se trata de nos limitarmos a falar de Deus ou de propor como falar dele levando em conta os modos e as linguagens eloquentes para o homem e para a mulher de hoje que vivem na modernidade (assunto que tem sido e continua sendo amplamente discutido) ou de ler a vida para descobrir nela a presença de Deus (fazendo uma leitura de fé como faz a metodologia antropológica); trata-se de fazer com que a catequese seja espaço no qual se viva, ou melhor dizendo, no qual vivamos a experiência de Deus.

Dizendo de outro modo, que a catequese seja lugar de imersão progressiva nessa experiência, de familiarização com essa vivência, alcançando, assim, uma aprendizagem experiencial[3], que consiste em vivenciá-la e nos capacitarmos para viver tudo a partir dela.

Uma experiência no processo

Não é a mesma coisa refletir sobre uma catequese – entendida em sentido amplo – como lugar de experiência de Deus com a intenção de oferecer esse espaço aos iniciados e inclusive aos consolidados na fé, do que oferecê-lo a quem está, por um motivo ou outro, no processo de iniciação. Muito diferente há de ser esta reflexão pensando em alguns destinatários.

Essa proposta situa-se primeiro e expressamente na catequese da iniciação, em qualquer um de seus momentos, incluindo o primeiro. Isso nos exige, no reconhecimento e na descrição das oficinas, que levemos em consideração uma série de situações, níveis e também fatores.

Entre eles, está o cultivo da infraestrutura humana-espiritual[4] que se abre à experiência de Deus, como podem ser os exercícios de voltar-se a si mesmo, observar com profundidade, despertar perguntas, viver experiências humanas profundas, nos colocar envolvidos com a realidade que nos supera e que nos une à transcendência.

---

2 AECA *Hacia un nuevo paradigma de la iniciación cristiana. Madri*: PPC, 2010, p. 39.

3 AECA *Hacia un nuevo paradigma de la iniciación cristiana. Madri*: PPC, 2010, p. 49.

4 AECA *Hacia un nuevo paradigma de la iniciación cristiana. Madri*: PPC, 2010, p. 47.

INTRODUÇÃO

Quando chegarmos à apresentação das diversas oficinas, também poderemos identificar quais são mais adequadas em diferentes situações e, além disso, mais oportunas ou necessárias em um ou outro dos níveis do processo de iniciação.

Os sujeitos da experiência

Propomos a reflexão no processo de iniciação, cientes de que nele podemos nos encontrar com diversos interlocutores. E essa referência é essencial no momento dos planejamentos e das propostas.

No momento de apresentar nossa reflexão, tínhamos como referência, no início, os **jovens-adultos** ou, se preferirem, os **adultos e jovens** de hoje. Mais adiante, na apresentação concreta das oficinas, dividimos a proposta para contemplar **crianças, jovens, adultos e idosos**.

Fazemos isso de acordo com o critério de que o primeiro destinatário da catequese de iniciação é o adulto. Assim se registra nos mesmos documentos oficiais; e nós temos pensado a partir dos jovens-adultos o novo paradigma de iniciação e dentro de sua estrutura, continuamos refletindo.

Experiência de Deus

Nossa reflexão busca e responde a uma concreta hermenêutica do termo "experiência de Deus". Ao propor que a catequese é uma experiência de Deus, nos referimos a um tipo de experiência que se caracteriza por não depender das notícias que outros, nesse caso, os catequistas, podem nos dar a respeito de Deus, mas pelo conhecimento experiencial obtido por meio do contato vivido com essa realidade. Juan Martín Velasco, teólogo espanhol, diz que para perceber a diferença entre essas formas de conhecimento, basta comparar o conhecimento que possamos ter do amor por meio do que outros viveram e nos contam sobre ele ou por termos conhecido diversos textos que seu estudo produziu ao longo da história, com o conhecimento que tem quem conscientemente viveu a experiência de amar e ser amado.

A "experiência de Deus" equivale, assim, a se encontrar com Deus na única forma possível desse encontro ser possível ao homem; ou seja, partindo da lei original de que, nessa relação, Deus é quem tem a iniciativa (e temos que acrescentar que essa iniciativa Ele tem sempre e com todos) e de que o que nós podemos fazer é nos deixar tocar por Ele.

Nesse sentido, trata-se de "um saber *patiens*", ou seja, um saber paciente. No enfoque da catequese que estamos idealizando, o que propomos é que a catequese pode e deve facilitar aos outros as condições para que possam se deixar tocar por essa Presença.

Claro que essa experiência pode ocorrer como algo inesperado e, ao menos aparentemente, não preparado; mas no contexto de nossa tarefa de iniciação e na perspectiva da pedagogia que pretendemos expor, **é uma experiência a cultivar** que pode ter um **primeiro momento "de tentativa"**, que pode passar da escuridão-clara à clara-escuridão até chegar ao ponto de, exercitada por uma prática prolongada, produzir em quem a realiza uma certa conaturalidade, ou seja, uma relação com Deus que podemos chamar de familiar e que, além disso, tem o caráter de ser prazerosa. Para nós é fundamental enfatizar esse aspecto, que deve ser levado em consideração no momento de planejar as oficinas. Trata-se de uma experiência que precisa ser compreendida no sentido de benefício.

Como não nos referimos a nenhuma experiência extraordinária de Deus em algum momento especial que não na presença simples obtida no acontecimento catequético, não podemos nos esquecer do **caminho processual** do encontro com Deus.

As características dessa experiência processual têm origem em dois elementos interativos: de um lado, essa realidade radical, que chamamos de Deus, é transcendente e também imanente com uma presença ativa, para nós, como existência no ato de se manifestar, comunicar, entregar e exigir resposta; por outro, nossa realidade, nós, os seres humanos, somos sujeitos capazes de acolher e de estabelecer com ela uma influência mútua.

Deus é totalmente Outro, mas presente nessa realidade, no coração das pessoas e, para nossa Tradição cristã – não deixemos essa nossa originalidade na escuridão e no esquecimento –, está de modo singular, originalmente único, em Jesus de Nazaré.

Qualquer passo para o encontro dessa presença que nos propusermos a dar ou qualquer estratégia pedagógica que desejarmos oferecer a outros para possibilitá-la, considera que todos esses momentos vêm precedidos pela **passagem prévia de Deus pela pessoa**.

Agora, damos por realizada essa passagem prévia de Deus , porque como disse Raimon Panikkar: "Não há separação entre o ser do homem com o Ser de toda realidade..."; a realidade é seu *locus* imanente; a transcendência está na essência das coisas. Por isso, diante da advertência de levar em conta essa lei da precedência de Deus, vamos acrescentar a afirmação de que toda pessoa é *capax*

Dei (capaz de Deus), como diziam os clássicos da teologia medieval, na medida em que o reconhecemos como fundamento e origem, consistência e horizonte.

É exatamente essa capacidade que o torna verdadeiramente humano. Não se é humano por ser um animal racional, segundo afirmava uma antiga definição. Vestígios de inteligência podem ser encontrados, em medidas diferentes, nos animais. O que torna o ser humano "humano" é sua capacidade de se abrir à transcendência. Os animais não fazem experiência de Deus. Fica aberto o mistério de por que algumas pessoas parecem mais livres do que outras para essa experiência.

Essa experiência se caracteriza em renunciar a si mesmo e chegar à fonte da qual procede a própria vida e entrar em um relacionamento profundo consigo mesmo, algo que, para nós, é unicamente e com toda plenitude, a essência do ser de Jesus.

Por fim, é preciso deixar claro que, quando falamos de experiência de Deus aqui, nos referimos ao tipo de experiência da qual fala Juan Martín Velasco, como "experiência de Deus sob a forma de **sentimento intenso de sua presença**". Em nossa proposta, matizamos esse tipo de experiência formulando-a de maneira um pouco mais simples, dando-lhe o enfoque de Teresa de Jesus: **sentir-se em relação com Deus**. Ela, de sua experiência de Deus em Cristo dirá literalmente: "Estar junto a meu Cristo".

Também assumimos outro tipo de experiência de Deus com o que se apresenta: **"as experiências de Deus no meio da vida"**, mas colocando-as no âmbito de nosso propósito. Dizemos isso porque, ao se realizar essas experiências no mesmo dinamismo do viver, levando em conta o ângulo de nossa abordagem ao assunto, o que podemos fazer na oficina é reavivar como labareda a chama então sentida ou acender a chama para descobri-la e aprender a senti-la na vida cotidiana como mística do dia a dia, soprada não apenas pelo Espírito, mas pelas condições criadas na oficina.

O que nós tentamos fazer é evocar essas realidades da vida e, ao fazê-la na catequese, alcançar a margem desse Sujeito que está no fundo delas mesmas, e no meio delas, diante e em frente; dar novo ânimo a essa realidade fundamental que existe e que chamamos de Deus; ou melhor, deixar-se chegar à raiz alcançando o fundo do próprio poço.

O que procuramos com uma oficina catequética de experiência de Deus não é ler que Ele é a base da realidade, mas viver a experiência reconhecida, absorvida, degustada e confessada de nos encontrarmos com Ele.

A experiência de Deus vivenciada hoje

Ao convidar as pessoas a viverem essa experiência de Deus, não podemos nos esquecer do hoje, do habitat humano, da cultura desses sujeitos.

A iniciação à experiência de Deus, à qual convidamos, deve se situar e se basear no âmbito secular e cotidiano do ser humano do século XXI. Não tem nada a ver com a *"fuga mundi"*, ou seja, com a fuga desse nosso mundo em que vivemos. Dirige-se à pessoa – adulta, jovem, adolescente ou criança –, ao homem tecnocrático e positivista do paradigma moderno, envolto e cercado pelo "ruído mundano", desaparecido e quase asfixiado pelo pan-economicismo imperante, envolvente e quase delirante, que causa um eclipse cultural de Deus[5] de que às vezes se liberta por um resíduo religioso (religante). Resíduo que persiste como pequeno reduto intangível, que, como um barco, boia no amplo oceano da secularidade; que tem início na cultura emergente; ou que, de vez em quando, alguém o vê sendo levado pelo vento do Espírito, que "sopra onde quer".

É a esse sujeito, e a mais ninguém que, como catecúmeno, nossa proposta é direcionada. É a essa mulher, a esse homem de hoje – que talvez ignore, muitas vezes, o sentido que tem a vivência a qual os convidamos – que é preciso oferecer caminhos, oportunidades, orientações pedagógicas... que permitam a eles **viver uma experiência de Deus** durante o próprio tempo da catequese, ou seja, no próprio ato da catequese.

De qualquer modo, o que pretendemos afirmar neste ponto é o reconhecimento prático de que a mulher e o homem de hoje são sujeitos capazes dessa experiência e que a nós nos resta, por sorte, a intensa aventura apostólica de sermos os enviados a lhes apresentar a proposta e facilitar seu caminho.

2. ELEMENTOS PEDAGÓGICOS PARA AS OFICINAS

Aspectos fundamentais

É verdade que podemos encontrar Deus em todas as partes: até nos caldeirões, dizia Teresa! Dizemos que Ele está na raiz da realidade, no coração das pessoas. Para nós, está com uma solidariedade especial no rosto dos

---

5 "Escurecimento da luz do céu, eclipse de Deus, este é, de fato, o normal no momento do mundo em que vivemos". BUBER, M. *Eclipse de Dios*. Buenos Aires: Galatea-Nueva visión, 1970, p. 25.

desfigurados da terra; e está com uma plenitude original em Jesus (tem nele o caráter de completa plenitude de Deus, mesmo na visibilidade possível do rosto humano).

O mesmo Jesus nos diz que sua presença é a do Pai de todos, maus e bons, sempre presente, saindo para o encontro em toda circunstância, e que basta procurá-lo com o coração sincero para encontrá-lo; bem-aventurados os puros de coração porque eles verão a Deus!

Sim, Deus está aqui, agora e assim, ainda que não saibamos, e agora as pessoas estão expostas a essa presença. Também é verdade que podemos nos acomodar em formas de existência que nos distanciam mais do que nos aproximam ou que até nos impedem de chegar a esses níveis de profundidade e de intensidade humanas onde possa acontecer o encontro porque a experiência de Deus ocorre no fundo da alma, no mais profundo ponto de nosso ser.

Assim sendo, precisamos de pressupostos, predisposições, preâmbulos existenciais, que são formas de vida compatíveis com essa experiência e em condições favoráveis para iniciarmos nela. Da mesma forma, outros podem nos ajudar a vivê--la ou podemos favorecer as coisas para que outros a vivam; e assim faremos se criarmos climas nos quais as dificuldades (causadas por coisas externas ou posturas internas) se modifiquem, se superem e onde apareçam oportunidades para viver essa experiência e reconhecê-la sabendo sempre que, somente se você e eu consentirmos livremente em nos expormos a essa presença, o encontro será possível.

Será propício que entremos e guiemos outras pessoas para que elas mesmas possam fazer exercícios que levem positivamente a essa experiência, que a despertem, que a alimentem, que a recriem; acima de tudo, na finalidade de nossa reflexão, devemos propô-los para que aqueles que estão em processo de iniciação na fé porque, para acreditar não basta a crença, não basta aceitar as afirmações de Deus, é preciso ter a experiência de Deus.

Ao insistir tanto na necessidade das oficinas, não queremos dizer que na catequese não seja preciso dedicar tempo a "falar com Deus", seja motivando a descobrir e reconhecer sua presença na própria vida, seja por meios pedagógicos, mas precisamos colocar em prática, na catequese, a experiência de Deus.

Os especialistas no assunto falam de lugares, meios e ocasiões para conseguirmos encontrar com Deus. Agora, vamos apresentar esses vários caminhos difíceis que, seguindo a alegoria de São João da Cruz, aumentam riscos e atalhos do Monte do Carmo, e que chamamos de **pedagogias**, para fazer com que nossas **oficinas catequéticas** sejam "*locus teólogo*", lugares nos quais seja possível se aproximar, procurar conhecer, viver e gostar da experiência de Deus, por meio de uma pedagogia iniciática dessa experiência. Cada pedagogia será apresentada como uma oficina completa dentro da visão unitária da catequese como "oficina de oficinas de experiência de Deus".

Escolhemos seis propostas pedagógicas, que é um número suficiente, sabendo bem que essas seis não encerram nem esgotam de forma alguma a oportunidade de tal encontro. Poderiam ser muitas outras e diferentes das que apresentamos.

As oficinas

Ainda que a intenção fosse classificar essas oficinas em prática de pedagogia iniciática, a verdade é que o processo das pessoas e a observação do acompanhamento realizado devem ser os fatores que decidam que oficina, quando e como deve ser realizada, ou que junção de oficinas é conveniente para o momento da vida dos interlocutores.

As oficinas estão propostas por temas geradores. Estes são desenvolvidos adaptando-se as reflexões de modo a atender aos interlocutores: crianças, jovens, adultos e idosos. **A OFICINA 3 se desdobra em quatro oficinas** para despertar experiências acerca do amor, de você, da alegria e do perdão.

3. ALGUMAS OBSERVAÇÕES PRÉVIAS

Acompanhamento

Essas oficinas se dirigem mais à pessoa concreta, individual, do que ao grupo em si, ainda que muitas vezes seja necessário o apoio do mesmo grupo. Para que a experiência, assim, possa ser verdadeiramente completa, sugere-se, se possível, que cada participante possa ter seu próprio acompanhante, que pode ser o próprio catequista.

É preciso, de algum modo, que ele ou o animador do processo, nesse caso, seja realmente um "tutor" mediador, exercendo no acompanhamento as funções de "maieuta" (iluminar o que for sendo vivido internamente) e "propedeuta" (proporcionar os meios para que a experiência seja possível)[6], além e, acima de tudo, de acompanhante pessoal em seu processo interior.

---

6 Cf. AECA. *Hacia un nuevo paradigma de la iniciación Cristiana hoy*. Madri: PPC, 2007, p. 59-60.

Ninguém abre a porta sem ter a chave, e só se faz um verdadeiro presente com aquilo que é aproveitado. Só um mestre, um guru, um rabi, pode ser guia nessa experiência. Só aquele "solidariamente capacitado para isso", diz Panikkar, pode mostrar os caminhos da experiência. Com temor e tremor devemos nos questionar sobre essa capacidade que exige ter tido, ou melhor, ter posto em prática, a mesma experiência de Deus que queremos que o sujeito, a seu modo, descubra.

Caderno pessoal

É aconselhável, como ajuda, que cada participante possa escrever suas próprias observações. Para isto sugere-se que cada um tenha seu **caderno pessoal**, onde possa ir expressando, registrando, suas reflexões e seus sentimentos, quase diariamente.

Isso facilitará também o trabalho de acompanhamento, pois os diferentes momentos do processo da oficina podem estar distantes uns dos outros.

Tempo

O perigo de transformar a oficina em catequese é permanente. A catequese, normalmente, é realizada no período de uma hora por semana. No entanto, do ponto de vista de uma iniciação cristã integral, mais experiencial do que cognitiva, a oficina complementa muitos dos processos da catequese, como uma espécie de rio subterrâneo que vai fluindo sob o processo catequético em si. Assim, **não é preciso** – e às vezes nem conveniente – **que os diferentes momentos da oficina sejam realizados consecutivamente, como faríamos no encontro de catequese.**

Esses momentos podem estar separados uns dos outros no tempo e não se proporem como uma atividade especial, mas, em todo caso, como uma atividade pessoal ou em grupo, além da hora semanal no encontro de catequese.

O papel do animador é "seguir a linha" do processo da oficina, consciente de quando e como propõe determinada atividade ou experiência, e "seguir o curso" do grupo e a cada participante, na "trama" de cada uma de suas oficinas.

Ordem das oficinas

A ordem das oficinas também não precisa ser a que aparece no livro, como algo a ser seguido sem falhas. A escolha das oficinas depende de cada circunstância, de cada programação e realidade, e até podem ser misturadas, sempre de modo que o animador ou catequista tenha claro o processo que está realizando com o grupo e com a pessoa.

Às vezes, as oficinas, em alguns de seus momentos, podem complementar umas às outras. A experiência nunca é simples, mas bem mais complexa e, nesse caso, ainda mais, uma vez que o que se propõe não é uma determinada "verdade", "ideia" ou "conceito", mas uma experiência pessoal que, ainda que simbólica, pode ter muitas leituras pessoais diferentes.

OFICINA

1

O SILÊNCIO DA VIDA

Se não nos livrarmos da perturbação de estímulos sensíveis que não passam da pele, do bombardeio de distrações e do estresse da velocidade que nos arrasta, sem chegar ao silêncio, nenhuma experiência humana é possível, e, assim, também não é a de nos aproximarmos de Deus.

É preciso realizar a experiência do silêncio para ir além, para saber quem somos de fato, para nos encontrarmos com nossa identidade, com o *eu-mesmo* que sustenta nosso ser, o *Espírito* que nos habita e que abre a casa interna na qual nosso Senhor e o Pai estão em nós e nos presenteiam com seu amor (Jo 14,20-21.23-26).

Por isso, os mestres falam do **silêncio interior**. Não basta silenciar os ruídos do mundo, o ruído exterior. É preciso silenciar os gritos de nosso coração, apagar os gemidos ou os sussurros de nossa mente, os gritos ou lamentos de nossa vontade.

Falamos do **ruído mundano**. Este já era dissonante no século XVI e considerado obstáculo insuperável para encontrar Deus, segundo frei Luis, madre Teresa e João da Cruz. A revolução midiática, a esmagadora realidade virtual, a invasão tecnotrônica e sua consequência de onipotência aparentemente segura, a irrupção desmedida do poder, do dinheiro, do prazer, não como valores instrumentais, mas como deuses exclusivos e excludentes, a secularização como único horizonte... têm aumentado, no nosso século XXI, os decibéis do ruído mundano a níveis ensurdecedores. Nunca, em toda a história da humanidade, o silêncio foi tão necessário. Não só para encontrar a Deus, mas para encontrarmos a nós mesmos.

Um mestre contemporâneo disse:

> Se por um momento nos esquecêssemos de que somos professores, executivos, pedreiros, se nos esquecêssemos de tudo, até de que somos homens, causaríamos com isso a abertura de uma nova e desconhecida consciência da realidade. Mas, para isso, precisamos nos livrar, nos desfazer de todo o conjunto de atributos que formam nossa personalidade, mas que, ao nos identificarmos *exclusivamente* com eles, nos limitam e, às vezes, nos asfixiam[7].

Em seguida, distingue a vida de silêncio – a dos monges, a do deserto e, às vezes, a de todos nós quando ficamos a sós com nosso próprio ser,

---

7 PANIKKAR, R. *Iconos del misterio* – La experiencia de Dios. Madri: Península, 1998, p. 43.

independentemente de qual seja o nível de profundidade desse encontro – e o silêncio da vida. O silêncio da vida é a arte, o mistério de saber silenciar as atividades para chegar à experiência pura da vida, para recriar o rio caudaloso de nosso fazer, nosso querer, nosso pensar, até alcançar a fonte original do Ser, do silêncio, e nos encontrarmos com Deus.

É desse silêncio que falamos! Para chegar a isso é preciso, como instrumento, ter momentos de silêncio em nossa caminhada.

De forma simples, imediata, talvez um pouco ingênua – como alguém pode pensar –, mas com bela vibração poética, mostra-nos essa dimensão do silêncio da vida, de forma radicalmente certeira, uma das composições com que João da Cruz ensinava a seus irmãos e irmãs no caminho da perfeição ao qual os animava:

- Esquecimento do criado;
- Memória do Criador;
- Atenção ao interior;
- E estar amando o Amado.

E Teresa, pragmática e eficaz Teresa, pouco achegada a floreios, mas igualmente certeira, prosaica em sua poesia e atenta ao prático, chamava essa dimensão de "desprendimento". E assim aconselhava suas irmãs.

Porque Deus é o próprio silêncio, que vibra em nosso próprio coração, que aparece na natureza, que domina o cosmos com sua melodia.

Estamos tão longe desse silêncio, que precisamos, antes de mais nada, para nos colocarmos na órbita da experiência de Deus, dar uma série de passos prévios que pedagogicamente nos conduzam de modo progressivo a esse espaço interior que precede a experiência do Transcendente.

Não se chega a essa meta de modo automático em favor de um desejo espontâneo nem por meio de um tipo de "receita" que infalivelmente nos leve a isso. Não se trata de apertar um botão, como muitas vezes estamos acostumados a fazer em nosso trabalho diário. Deus não é um computador. Deus está, sim, a nosso alcance, mas é preciso que abramos o coração para percebê-lo e, no entanto, quando se trata do mistério do encontro da pessoa com Deus, é preciso que a iniciativa seja deixada para Ele. Deus é livre, não é manipulável.

Nos diversos exercícios propostos, diferenciamos os grupos de pessoas, por idade, que serão dirigidos. O catequista verá, em cada caso, a oportunidade de usar determinados exercícios dependendo do caminho que as pessoas comecem a tomar.

1. Jovens, adultos e idosos

① ITINERÁRIO PEDAGÓGICO

AMBIENTAÇÃO

Partimos de um fato frequente na vida comum das cidades: o barulho invade tudo.

PRIMEIRO MOMENTO: EXPERIÊNCIAS DE OBSERVAÇÃO DA REALIDADE

Simplesmente, vamos tomar consciência do fato de que vivemos imersos no barulho, principalmente na cidade. É um tipo de "pré-aquecimento": sair na rua para "escutar" e "observar".

Não se trata de fazer isso em um determinado momento, mas sim, de passar um tempo prestando atenção enquanto vivemos a nossa vida normal no dia a dia. Saímos de fora, para irmos caminhando pouco a pouco para dentro.

Para se aprofundar nessa experiência, nós a comparamos com outras experiências que podemos fazer, por exemplo, na natureza.

Quando fazemos essa experiência, nós nos damos conta de que a vida tem outro ritmo: passamos da experiência do "barulho" para a experiência do "tempo". Nosso "tempo", no dia a dia, é um tempo rápido, sem pausa para prestarmos atenção a outra coisa que não seja o "lado externo".

Pouco a pouco, vamos entendendo essas três experiências: **o ruído, o tempo e o lado de dentro**. As três coisas estão relacionadas em nossa vida.

SEGUNDO MOMENTO: OS RUÍDOS, O PROFUNDO E O AMOR

O que estamos vivendo?

Quando nos sentimos melhor ou pior?

O que nos tem ensinado e o que temos vivido?

Essas experiências não são feitas apenas por nós: as canções atuais também falam disso, porque é uma experiência muito universal, ainda que a tenhamos vivido poucas vezes. E é curioso que, além do barulho, o tempo e o exterior, apareçam o tema do **amor** e o **eu**.

É possível "amar" verdadeiramente no barulho?

Viver "para fora" não nos torna um "estranho"?

Não sentimos logo uma sensação de vazio?

TERCEIRO MOMENTO: PERSONALIZAR A EXPERIÊNCIA

Aqui, o caminho que os jovens podem realizar não é o mesmo caminho dos adultos.

○ JOVENS

Refletimos de modo mais pessoal e nos perguntamos sobre nós mesmos.

- Quais sentimentos iam surgindo enquanto eu ia fazendo essas experiências?
- Alegria, tristeza, indiferença, interpelação?
- E mais para "dentro": meus problemas, minhas alegrias, meus desejos, meus temores...
- O que eu digo sobre mim?
- O que eu "digo" de mim mesmo é a mesma coisa que "sinto dentro de mim antes de dizer"?
- O que sinto dentro de mim se vou tirando "cascas" que ocultam o que sinto?
- E caso eu esquecesse de onde venho, quem são meus pais, que coisas tenho "feito" na vida, como me chamo...?

Não é possível entrar em profundidade de si mesmo sem realizar exercícios progressivos de silêncio interior. E cada um se aprofunda até onde pode.

Como sempre diremos, o acompanhamento, o monitoramento, são essenciais para ajudar a pessoa a aproveitar profundamente a riqueza de seu interior. E isso não se faz em um dia. É um "processo" no tempo.

○ IDOSOS

Os idosos têm ampla experiência de vida. É um momento para fazer uma reflexão de tudo o que foi vivido, a partir dessa experiência já alcançada de um certo silêncio interior.

As **lembranças do que foi vivido** formam a "matéria" de nossa experiência. Meu "eu" é minha história…

- Valeu a pena?
- Em que ponto de meu caminho estou?
- Todo o meu "eu" são apenas minhas "lembranças"?
- Tirando as lembranças, quem sou eu?

QUARTO MOMENTO: RUMO À TRANSCENDÊNCIA

Esse quarto "tempo" é comum para jovens, adultos e idosos.

É preciso "preencher" o silêncio com a experiência do próprio "eu", que é onde deixamos o momento anterior. Assim, com os jovens, há necessidade de propor uma experiência de interiorização profunda. Talvez não se trate de uma "oração" em sentido explícito, mas se aproxima, e até pode nos levar por esse caminho. Isso seria exatamente o que procuramos: favorecer a experiência da transcendência a partir do silêncio e da experiência do "eu".

É o momento também dos **símbolos**, que muitas vezes expressam o que não pode ser dito com palavras. Isso seria o melhor: que as "palavras" conduzam à necessidade de não dizer nada, apenas experimentar.

Por fim, pergunto por mim e onde começa e termina minha "pessoa". Talvez apareça, no fundo, a chamada do "transcendente" no que vivo submerso como o peixe no mar.

A partir daqui, cada um fica com seu próprio mistério. O animador não diz mais nada. Só acompanha o processo até onde ele for…

OFICINA 1 | O SILÊNCIO DA VIDA

② DESENVOLVIMENTO DA OFICINA

AMBIENTAÇÃO

Ruídos na cidade

A cidade está em silêncio. O centro de Granada, Puerta Real, parece tranquilo. Os cidadãos afirmam aproveitar uma manhã de paz e tranquilidade. São onze da manhã da sexta-feira, 9 de fevereiro. O decibelímetro, perfeitamente ajustado, marca um nível de 62 decibéis, apenas 8 a menos do que o máximo de ruído permitido pela prefeitura, aprovado recentemente. "Estamos tão acostumados com a contaminação acústica da cidade que 62 decibéis, que está muito acima do que se consideraria tranquilo, de 20 a 30, nos parece um bálsamo para os sentidos", afirma Francisco Morales, presidente da Associação Granada, contra o ruído que, com o decibelímetro na mão, tem medido as emissões acústicas da cidade.

A aparente tranquilidade dura pouco. Quando o semáforo fica verde em Puerta Real, o ponteiro do decibelímetro sobe para 85 decibéis, 15 a mais do que o máximo permitido. Nenhum veículo capaz de estourar tímpanos passou ali: só um carro, um ônibus e uma moto começaram a avançar. A passagem dos carros por esse ponto, quando começa, faz baixar as medidas a 78 decibéis, 8 além do permitido. Só um ônibus urbano lança a medida até 82 (o limite máximo é 70). O som ambiente do centro de Granada oscila entre 63 e 72: ainda ultrapassa em 2 pontos o nível máximo.

Juan Enrique Gómez.

Ruídos na cidade, contaminação acústica urbana,

no site www.waste.ideal.es

Esse texto ou outro similar pode abrir a discussão sobre os barulhos que invadem nossa vida. Sugere-se consultar, também, o artigo: "O silêncio e o encontro com Deus", no site: http://www.cnbb.org.br/o-silencio-e-o-encontro-com-deus/

PRIMEIRO MOMENTO: EXPERIÊNCIA DE OBSERVAÇÃO DA REALIDADE

Queremos ter consciência dessa realidade facilmente constatável. Partimos de fora para caminhar pouco a pouco para dentro.

1. Ver e ouvir

- **Observação totalmente exterior**
  - **Um passeio**, por exemplo, de 10 a 15 minutos pelas ruas da cidade, procurando **escutar** e distinguir os diferentes barulhos que notamos pela rua: ônibus, crianças, carros, máquinas, sirenes entre outros, e observar o rosto das pessoas, os objetos e os elementos naturais, algo que tem chamado muito a nossa atenção.
  - No **caderno pessoal de trabalho,** de modo individual, cada um vai fazendo anotações de tudo o que tem sido feito.
  - Uma **discussão entre todos** na qual cada um expressa livremente a experiência do que viram e ouviram.
- **Ao longo da semana**
  - Ao longo da semana, é possível continuar fazendo essa experiência de **escutar** e de **ver** nos diversos momentos do dia a dia:
  - Em casa, ao ir ao trabalho ou à aula, ao fazer esportes, na festa, no café, no ônibus ou no metrô (jovens e adultos).
  - Ao meio do dia, no bar, ao fazer compras, ao levar e buscar os netos na escola, na praça, na igreja, no grupo de oração (*adultos e idosos*)…

Como são os rostos das pessoas, o que acontece com elas, o que elas escutam, de que falam, quais palavras empregam, qual interesse elas têm…

Se puderem, façam anotações.

2. Em contato com a natureza

Podemos ampliar essa experiência, em outro momento, contrastando a cidade e a natureza ou o campo.

Possivelmente nos aproximaremos de um ritmo de vida diferente, no qual o tempo da natureza, diferente do tempo da cidade, nos ajude a dar passos novos para a interioridade.

O tempo da cidade é o tempo da eficiência, da utilidade, da competência e de outros tantos interesses, no qual a pessoa se vê forçada a viver o ritmo do maquinário, um tempo antinatural. O tempo da pessoa é o tempo da natureza, no qual as coisas nascem, crescem e se desenvolvem lentamente. Por isso, entrar no ritmo da natureza, que cresce em silêncio, é entrar no ritmo da interioridade pessoal.

Essa experiência pode ocorrer, logicamente, com uma **excursão**, um dia de passeio ou outra atividade, sem que necessariamente seja programada com antecedência.

Outras possibilidades: Podemos procurar situações concretas:

- **No mar ou próximo a um rio:** um passeio no mar; a praia, a areia, a água, as pessoas...; o mar, as ondas, o horizonte, as gaivotas...; os navios, as barcas....
- **Na montanha:** as árvores, os pássaros, os animais, os riachos e torrentes, o vento...; o silêncio, os insetos, o eco...; as flores, passagens e caminhos...; casas de campo, residências...; os montes, o horizonte, a neve...
- **No bosque...**
- **Na noite...**

SEGUNDO MOMENTO: OS RUÍDOS, O PROFUNDO E O AMOR

Na realidade, não avançamos muito mais em nosso caminho. Apenas tentamos insistir na necessidade do silêncio para acalmar o que vivemos, para **nos tornarmos conscientes** das coisas que acontecem ao nosso redor.

1. Uma parábola

Existe uma história muito expressiva que pode nos ajudar a ilustrar essa ideia.

Um ônibus com cortinas nas janelas[8]

Um ônibus cheio de turistas atravessa uma região lindíssima cheia de lagos, montanhas, rios e pastos. Mas as cortinas do ônibus estão fechadas, e os turistas, que não têm a menor ideia do que há do outro lado das janelas, passam a viagem debatendo sobre quem deve ocupar o melhor assento do ônibus, a quem devem aplaudir, quem é o mais merecedor de consideração... E assim continuam até o fim da viagem.

---

8 MELLO, Anthony. *Una llamada al amor.* Santander: Sal Terrae, 1992, p. 13.

2. Músicas

Selecionar músicas complementares para falar sobre os ruídos, sobre a superficialidade, silêncio e profundidade. Ao final, cada um pode tirar suas própria conclusões.

Para onde o silêncio me leva?

Sugere-se para esta atividade as músicas:

- *Paciência* (Lenine).
- *O silêncio está cantando aqui* (Pe. Zezinho).
- *Quem é você* (Celina Borges).

Perguntas que fazemos a nós mesmos em relação ao que as músicas nos inspiram:

- Há ruídos incompatíveis com o amor? Quais?
- Por que são incompatíveis?
- É difícil para nós entrarmos em nós mesmos. Mas… para que queremos isso, se de fato queremos isso?
- Há alguma relação entre "descer ao profundo", os "ruídos" e o "amor"?
- O que "ganhamos" quando descemos "ao profundo"?
- Por fim, o que é descer "ao profundo"?

Ao chegar aqui, talvez nos encontremos com o vazio... Não existe nada no fundo de si mesmo?

Abre-se um panorama desconhecido no qual uma pessoa se encontra consigo mesma. E surge a pergunta sobre o que há no fundo do silêncio. Sou eu? E quem é esse "eu"? Quem são "os outros" que me preenchem? Quem somos "nós" no meio do universo?

Talvez surja daí a pergunta pelo "Outro" ou "O outro"…

TERCEIRO MOMENTO: PERSONALIZAR A EXPERIÊNCIA

○ JOVENS E ADULTOS

Conforme a experiência vai acontecendo, em algum momento é possível partilhar pontos comuns do que foi vivido.

É importante que o animador ajude a entender que nesse tempo não só ouvimos os ruídos exteriores, não só temos observado a vida das pessoas, a natureza, não apenas questionamos sobre os ruídos, a superficialidade e a profundidade da vida, mas temos ouvido a nós mesmos. E para isso acontecer fez-se e faz-se necessário estar em silêncio.

Uma ficha sobre a própria personalidade

TRAÇOS DE MINHA PERSONALIDADE QUE VOU DESCOBRINDO	
Eu ouvi	
Alegrou-me	
Entristeceu-me	
Deixou-me	
Como me vejo?	

Com esse questionário procurar ajudar a aprofundar a própria experiência.

Perguntas

- Que problemas tenho em minha vida?
- Que alegrias tenho em minha vida?
- Quais são meus principais desejos?
- Quais são meus principais temores?

- Como eu definiria a mim mesmo se tivesse que me apresentar a outra pessoa, o que diria de mim mesmo?
- É isso o que realmente sou?
- Quem sou eu?
- Pronuncie a palavra "eu" sem nome nem sobrenome... O que você sente?
- Assim, fique um pouco tranquilo.

É possível dialogar em grupo, se julgar oportuno:

- Como temos nos sentido?

Nesse caso, comentamos as conclusões que tiramos dessa atividade:

- Onde cheguei?

○ IDOSOS

Partimos de outra experiência, que reunimos do que foi vivido ao longo dos anos. Nesse silêncio talvez sejam reunidos muitas lembranças, que fazem parte do meu "eu".

- Meu "eu" é uma história. O que sobra de "mim" uma vez que "atravesso" os "fatos" que compõem minha vida?
- Que "imagem" tenho de mim mesmo?
- Tudo se reduz aos fatos que me foram "acontecendo"? E se tudo isso se perde, eu me perco?
- Onde acaba meu "eu"?

1. Retrato da minha vida

O poema "Retrato", de Cecília Meireles, pode nos motivar a olhar para a nossa própria história. Este poema está disponível na internet: https://www.escritas.org/pt/t/1505/retrato

Outro poema que pode nos ajudar nessa reflexão é: "Meus oitos", de Casemiro de Abreu.

Meus oito anos[9]

Oh! que saudades que tenho
Da aurora da minha vida,
Da minha infância querida
Que os anos não trazem mais!
Que amor, que so-
nhos, que flores.
Naquelas tardes fagueiras
À sombra das bananeiras,
Debaixo dos laranjais!

Como são belos os dias
Do despontar da existência!
– Respira a alma inocência
Como perfumes a flor;
O mar é – lago sereno,
O céu – um manto azulado,
O mundo – um sonho dourado,
A vida – um hino d'amor!

Que auroras, que sol, que vida,
Que noites de melodia
Naquela doce alegria,
Naquele ingênuo folgar!
O céu bordado d'estrelas,
A terra de aromas cheia,
As ondas beijando a areia
E a lua beijando o mar!

Oh! dias da minha infância!
Oh! meu céu de primavera
Que doce a vida não era
Nessa risonha manhã!

Em vez das mágoas de agora,
Eu tinha nessas delícias
De minha mãe as carícias
E beijos de minha irmã!

Livre filho das montanhas,
Eu ia bem satisfeito,
Da camisa aberto o peito,
– Pés descalços, braços nus –
Correndo pelas campinas
À roda das cachoeiras.
Atrás das asas ligeiras
Das borboletas azuis!

Naqueles tempos ditosos
Ia colher as pitangas,
Trepava a tirar as mangas,
Brincava à beira do mar;
Rezava às Ave-Marias,
Achava o céu sempre lindo,
Adormecia sorrindo
E despertava a cantar!
Oh! que saudades que tenho
Da aurora da minha vida,
Da minha infância querida
Que os anos não trazem mais!
– Que amor, que so-
nhos, que flores,
Naquelas tardes fagueiras
À sombra das bananeiras,
Debaixo dos laranjais!

---

9 http://www.dominiopublico.gov.br/download/texto/wk000472.pdf

Propostas

- Escrever a história da própria vida inspirando-se nesses poemas.
- Quais são os momentos de sua vida que fizeram com que você amadurecesse como pessoa?
- Quais pessoas importantes apareceram?
- Analisando a história de sua vida, o que diria de si mesmo?
- No momento, quais são seus desejos mais profundos? E os temores?
- Diga a palavra "eu" sem dar nome nem sobrenome.
- Permaneça assim alguns momentos, tranquilo, tranquila…

2. A caixa de lembranças

O animador sugere que preparem uma caixa com as lembranças mais importantes de sua vida e que as levem para mostrar ao grupo.

Conforme os objetos forem sendo retirados, comentar os momentos da vida que eles representam.

Momentos de silêncio para a reflexão pessoal.

Fazer anotações: Você espera mais alguma coisa da vida? O quê?

3. Mais uma música

Me faz capaz (Ziza Fernandes) Disponível na internet em videoclipe (youtube) e a letra da música pode ser encontrada no site: https://www.letras.mus.br/ziza-fernandes/

A letra dessa música tem alguma relação com sua vida e com tudo o que tem visto até aqui?

Que sentimentos experimentou?

QUARTO MOMENTO: ENCONTRO CONSIGO MESMO – RUMO À TRANSCENDÊNCIA

○ JOVENS, ADULTOS E IDOSOS

1. Preencher o silêncio com a própria vida

Pretendemos nos aprofundar na própria interioridade de modo que o silêncio não seja um ato vazio, mas um espaço interior a preencher com a própria vida para que ela se torne mais humana e para crescer em identidade pessoal.

É um momento de interioridade pessoal que pode se realizar de modo individual ou em grupo. Se for em grupo, o animador deverá cuidar especialmente do clima e da ambientação do lugar onde vai ser desenvolvida a experiência. Para isso ajudam: uma música instrumental, a disposição do grupo em círculo, acender uma vela no centro, suficientemente grande para que a chama possa ser vista por todos.

O animador conduz o momento envolvendo a todos com suas palavras, a depender do grupo motivar para que fechem os olhos. É preciso cuidar também do tom de voz, assim como do equilíbrio entre o ritmo das palavras e o silêncio.

É possível que, concentrados na luz da vela, sintamos uma "luz interior" que não sabemos – nem devemos – explicar, mas que provocará em nós a experiência de que dentro de mim existe algo mais do que "eu".

Na sequência apresentam-se dois exercícios[10] a serem realizados com o grupo, os quais o animador conduzirá.

---

10 Os dois exercicios propostos foram retirados do livro de Anthony de Mello, *El Manatial*, Santander: Sal Terrae, 1984: "El resplandor", p. 229-230, e "La Comedia", p. 169-171.

O resplendor

Preste atenção à chama da vela.
Às vezes parece dançar
E você observa seus
menores movimentos…
Às vezes parece imóvel
e estável…

Pode fechar os olhos
E ver a chama em
sua imaginação…
Enquanto analisa a chama,
Pense no que ela
representa para você…
Pode ser símbolo de
muitas coisas…

Deixe as lembranças do passado
Relacionadas a essa chama
Aflorarem a sua consciência…
Estabeleça logo um
diálogo com a chama,
Sobre a vida e a morte,
Tanto da chama
Como de você mesmo,
de você mesma,

Ou da vida ou da
morte em geral…

Por fim, deixe de lado
todas as palavras,
Pensamentos e recordações
E contemple a chama
em silêncio…
Permitindo que ela transmita
uma mensagem a seu coração.
Uma sabedoria que
foge à compreensão
Do pensamento consciente…

Por fim, despeça-se de sua chama
Unindo as mãos e inclinando-se
à frente dela…
Depois, apague a chama
com respeito,
Reconhecendo e agradecendo
Por ter acendido algo
em seu coração
Que levará contigo
durante todo o dia…

2. Nosso eu mais profundo

Pretendemos dar mais um passo na busca pela própria intimidade. Agora é preciso descer pouco a pouco em nosso eu mais profundo para encontrar resposta às perguntas que vão surgindo em nossa vida.

Colocar-me em união com tudo o que foi criado como um pequeno ponto da existência pode gerar para mim uma experiência saudável de relatividade de meu próprio "eu", e me coloca em fraternidade com outros "pontinhos" relativos de minha existência. Meu "eu" é mais do que meu "eu"… e isto faz com que eu me pergunte a respeito de mim mesmo e de minha identidade agora e no futuro.

A comédia

Me mudo para o alto de
uma montanha solitária
E disponho de um dia
apenas para mim
Em qual assunto…
Em quais aspectos de
minha vida…
Em qual pessoa…
Decido pensar,
Agora que disponho
de tempo livre?

Faço isso durante um tempo
E de um modo que possa
ser proveitoso…
De quantos nomes
consigo me lembrar
De pessoas que se sobressaíram
Há dois mil… cinco mil…
Dez mil anos…?
Imagino cenas da vida
da Grécia antiga…
Ou em Roma… ou no Egito…
na Índia… China… América…
Histórias de amor e de guerra…
Nascimentos e mortes…
Dinastias e revoluções…
Rituais e superstições…
O dia a dia de pessoas normais…
E logo vejo como o
tempo destrói
A lembrança daquelas gentes
E de suas culturas…

Decido agora
quais personalidades…
Quais acontecimentos…
de nossos dias
Tiveram espaço nos
livros de história
Dentro de dez mil anos.

E que efeito terá
produzido para então,
Na história humana
Minha própria existência…
Viajo para dentro até que a terra
Adquira o aspecto e as dimensões
De uma bola de tênis brilhante
flutuando no espaço
E dando voltas em seu eixo…
Me limito a analisá-la
Durante o maior tempo possível,
Porque vê-la me fará bem…
Tento descobrir as
cidades, os rios,
Os aeroportos, as igrejas…
As guerras e as festas…
Os amores e os ódios…
Sobre a superfície dessa
pequena bola.

Logo tento ver a mim e as
minhas realizações…
Até conseguir me ver com
meu tamanho de fato
E experimento o destaque que
a distância proporciona…
Até poder rir batendo os dentes,
Porque rir, principalmente
de si mesmo,
É a grande vantagem que
a solidão oferece.

Antes de descer da montanha
Para minha rotina do dia a dia
Eu me pergunto: "O que
desejo fazer com minha
existência aqui na Terra?"
E também "Como desejo
viver minha vida hoje?"
E abro meu entendimento
Ao que o mesmo entendimento
me quer sugerir…

Ao fim, eu me pergunto por mim e onde começa e termina minha "pessoa". Talvez apareça, ao fundo, a chamada do "transcendente" no que vivo submerso, como o peixe no oceano.

> **O oceano**
>
> – Você me perdoe – disse um peixe ao outro. –Você é mais velho e tem mais experiência do que eu e provavelmente poderá me ajudar. Diga uma coisa: Onde posso encontrar isso que chamam de oceano? Estou procurando em todos os lugares, mas nada.
> – O oceano – disse o peixe velho –, é exatamente onde você está agora.
> – Isto? Mas isto não passa de água… O que procuro é o oceano – respondeu o peixe jovem, totalmente decepcionado, enquanto seguia à procura do oceano em outro lugar.

2. Crianças

① ITINERÁRIO PEDAGÓGICO

AMBIENTAÇÃO

Então, vamos começar de fora para dentro. As crianças adoram histórias, é o mundo da fantasia, onde são possíveis as coisas impossíveis, como em *A história sem fim…* Mas aqui não há nada grandioso, mas sim, algo simples: ajudar a compreender a riqueza do silêncio.

PRIMEIRO MOMENTO: UM MUNDO DE RUÍDOS

O objetivo desse conto é "trazer à realidade" o que antes era apenas uma ideia. O que acontece no conto também ocorre na realidade?

É preciso observar o que acontece em cada dia, o que faz, o que escuta, o que as pessoas dizem...

Mas as crianças não só precisam que alguém conte histórias a elas, mas também querem "fazê-los". Para isso, o desenho é importante. As crianças estão mais próximas da linguagem simbólica do que das palavras... Com o desenho expressam sentimentos, emoções, desejos... Será, assim, um primeiro passo simbólico de fora para dentro, a partir da subjetivação do que for vivido.

SEGUNDO MOMENTO: OS RUÍDOS

Além da história e do desenho, a experiência das crianças acontece também por meio da brincadeira. E com a brincadeira, podemos tentar viver, de modo experimental, o que até agora foram apenas ideias e observações de outros.

TERCEIRO MOMENTO: O VALOR DO SILÊNCIO

Da experiência dos ruídos passamos à experiência direta do silêncio. Queremos que as crianças "descubram" o silêncio e experimentem o positivo de sua experiência.

O jogo, de novo, pode ajudar as crianças a "entrar" no silêncio, vivendo-o como tal. Brinquemos com o silêncio.

QUARTO MOMENTO: GOSTO DE FAZER SILÊNCIO

Mas experimentar o silêncio não é a mesma coisa que "ficar calado". Muitas coisas podem ser feitas quando se está calado. Quando essas coisas são feitas, vamos descobrindo "as vozes" do silêncio pessoal. E descobrimos que o silêncio pode ser algo bonito e relaxante. Passamos do "ruído" à "interioridade", e desta, para o "relaxamento". Ficamos com a tríade, silêncio, interioridade e relaxamento, que é o contrário de ruído, exterioridade e agitação. O "tempo" e o "ritmo" começam a ter importância...

As experiências de relaxamento são aqui muito importantes, para ir passando da experiência do próprio corpo à experiência dos sentimentos e atenção a si mesmo. Ir passando da experiência que se tem em relação aos demais (pai, mãe, amigos etc.), à experiência de mim mesmo, desde meu nome até meu "eu"...

Assim, não falamos aqui de "uma sessão" de relaxamento, como também não fizemos "uma sessão" de escutar ruídos... Falamos de momentos **repetidos**. É a mesma coisa com as histórias: as crianças precisam ouvir uma mesma história muitas vezes, porque precisam não apenas "ouvir" e "compreender", mas sim, experimentar, sejam experiências de alegria, de aventura ou de temor. À medida que as coisas se repetem, elas vão sendo interiorizadas.

QUINTO MOMENTO: QUEM FALA NO SILÊNCIO – RUMO À TRANSCENDÊNCIA

Essa experiência, repetida muitas vezes, até chegar a ser um hábito, pode abrir às crianças as portas de uma experiência mais profunda onde não apenas elas ouçam a si mesmas, mas que também escutem outras vozes – a Voz – que venham de dentro.

② DESENVOLVIMENTO DA OFICINA

AMBIENTAÇÃO

A cidade do ruído

Em uma cidade ruidosa, mas tão ruidosa, que a chamavam de "a cidade do ruído", havia um menino chamado Carlos.

O menino, certo dia, teve a ótima ideia de pedir a seu melhor amigo, Juan, que fizessem silêncio para que pudessem ver o que aconteceria. Juan, que brincava com duas tampas de panela, fazendo muito barulho, prestou atenção em Carlos e, por sua vez, pediu a seu amigo, Pablo, que deixasse de fazer barulho. Pablo, que gritava muito alto, conseguiu ouvir o pedido de seu amigo e também parou de fazer barulho.

Pablo transmitiu pessoalmente a mensagem a sua irmã Lucia, que batia um garfo num copo no refeitório da escola, e Lucia disse a Maria, e Maria disse a sua vizinha...

Assim foi sendo transmitido o silêncio como mensagem, de criança a criança, muito rapidamente...

E o pedido para que fizessem silêncio não demorou a chegar aos adultos, que pararam de tocar a buzina de carros, de falar gritando, de bater portas e janelas.

Até os cachorros pararam de latir e os gatos pararam de miar.

Depois de apenas uma semana, a cidade do ruído ficou em silêncio.

Os habitantes da cidade começaram a notar que o silêncio era lindo, começaram a escutar o canto dos pássaros, um som que havia sido esquecido com tanto barulho. Também escutavam o vento soprar, as folhas secas caindo das árvores, o barulho da chuva, a água correndo pelo rio. Pouco a pouco, foram descobrindo que o silêncio era bom, que moldava o caráter das pessoas, que as deixava mais amáveis.

Também notaram que dava para ouvi-las cantando, quando falavam baixinho, ou sussurravam segredos ao ouvido. Até o som de um beijo podia ser ouvido na cidade do ruído.

Carlos estava contente: sem perceber tinha contribuído para uma mudança muito importante para sua comunidade, que havia aprendido a importância do silêncio sobre o ruído.

Zepelim, zepelim, esse é o fim.

Adaptado de *Florencia Moragas*

E nos perguntamos: O silêncio é bom?

PRIMEIRO MOMENTO: UM MUNDO DE RUÍDOS

O objetivo deste conto é "trazer à realidade" o que antes era apenas uma reflexão. Trata-se de observar o dia a dia das crianças: casa, colégio, pátio, parque, atividades extraescolares entre outras.

- O que as pessoas fazem.
- O que as pessoas escutam.
- Sobre o que falam.
- Quais palavras dizem...

No caso de uma partilha em grupo, sugere-se projetar na parede a silhueta de uma cidade.

1. Desenhar o que foi visto e ouvido.
2. Devem colocar e tirar imagens do mural.
3. Dialogar: sentimentos e emoções…

SEGUNDO MOMENTO: O VALOR DO SILÊNCIO

1. Jogo dos ruídos

Uma mensagem pode ser distorcida ou impossível de entender quando as pessoas falam aos gritos.

Propomos uma brincadeira: para ela, dois grupos pequenos são formados. Os dois são separados, ficam de lados opostos. Ao mesmo tempo, todos os membros de um grupo lançam ao outro grupo uma mensagem aos gritos ao mesmo tempo que o outro grupo lança outra mensagem diferente. As mensagens podem ser as seguintes:

Grupo A: A reunião será na segunda-feira às 17:30h no museu Oscar Niemeyer.
Grupo B: O local não abre às segundas-feiras, mas sim às terças, às 19:00h.

Depois de alguns minutos, acaba a brincadeira e todos discutem o que aconteceu.

- Que mensagem cada grupo entendeu?
- Por que a mensagem foi distorcida?

2. Os "ruídos"

Pretendemos descobrir e tomar consciência do "mundo do ruído" e o valor positivo do silêncio.

Vivemos de um jeito quase "ensurdecedor", de tal modo que mal podemos perceber os outros ruídos mais fracos que nos cercam, mas que quase não notamos.

No encontro de catequese é possível aproveitar a mesma "confusão" que as crianças fazem ao chegar à catequese. Conversam muito e… não param de falar. Não há clima para nada…

Como fazemos normalmente, procuramos acalmá-los e esperamos até que finalmente se tranquilizam, motivando-os a estarem dispostos a "começar".

O que vamos fazer é perceber que vivemos em um mundo de ruídos dos quais muitas vezes não temos consciência.

Podemos, talvez, utilizar o celular e, quando todos estiverem em silêncio, "gravar o silêncio", e ver o que acontece. Fazemos isso por um breve período ao fim do qual mostraremos a gravação. Ouvimos a gravação… O que se ouve? Só silêncio? Facilmente são ouvidos ruídos de papel sendo arrastado pela mesa, de alguém tossindo, de roupas, de uma respiração…

Sem utilizar a gravação, fazemos agora a experiência "diretamente". Vamos agora "ouvir" esses ruídos. Para isso é preciso fazer um silêncio enorme… Vamos descobrir quantos ruídos ouviremos.

Todos fazem silêncio e ouvem por um tempo.

Ao terminar, fazemos uma roda de discussão na qual as crianças vão dizendo quais ruídos são ouvidos.

3. Um ato de "protesto"

Como constatamos, vivemos em um mundo de ruídos.

- Não é verdade que todos fazemos muitos ruídos? Não é verdade que parece que não conseguimos ficar calados? Carros, gritos, sirenes, vozes altas.
- Convidamos as crianças a realizar um ato simbólico de "protesto" pelos ruídos. Algo que é um "sinal", que, como chama atenção e não se entende de início, faz pensar… Algo "contracultural".
- Tentaremos fazer dois minutos de silêncio… sim é possível! Conseguiremos?
- E assim faremos, no local em que estamos.
- Podemos até sair um pouco para a rua, no meio das pessoas, formando um círculo. As pessoas estranharão. Alguém poderá nos perguntar o que estamos fazendo e podemos explicar: pedindo silêncio.

TERCEIRO MOMENTO: GOSTO DE FAZER SILÊNCIO

1. Eu gosto do silêncio?

- Depois de feita essa experiência do silêncio, nós discutimos o que cada um fez com esse tempo, em que "pensamos"...
- Mais um passo: Gostamos do silêncio? O que ele pode ter de positivo?
- O silêncio que temos feito não é o mesmo que outros silêncios: Todos os silêncios são iguais?
- Com as crianças, vamos descobrindo que existem muitos tipos de silêncio: quando mandam que nos calemos, quando deixamos alguém sem palavras, quando uma pessoa é tímida, quando não sabe o que dizer ou não se atreve a dizer... São silêncios "negativos"...
- Pode haver silêncios "positivos", agradáveis, de que gostemos...? Por quê?

Observação importante: Não podemos continuar avançando nesse processo sem antes termos adquirido um certo hábito de silêncio e de interioridade. Por isso, sugerimos que essa experiência seja ampliada com outros exercícios de silêncio e relaxamento. Na internet é possível encontrar diversos exercícios e técnicas de relaxamento para crianças.

2. Utilizar o silêncio

Estar em silêncio não é a mesma coisa que estar calado. O que podemos fazer quando estamos em silêncio, para que seja algo positivo? (*Falar consigo mesmo das coisas que nos acontecem, pensar, refletir...*)

- Motivar a fechar os olhos... fazemos silêncio.
- Em uma roda de discussão partilhar o que fizemos.
- Mais um passo: agora não se trata de pensar, mas de manter silêncio sem pensar em nada... É possível? Tentemos.
- Ao fim, fazemos outra roda de partilha para explicar o que cada um fez dessa vez... Comparamos os sentimentos e as sensações sentidas pelas crianças. Possivelmente, muitos deles não sabem nem o que fazer nem o que pensar. Mas talvez alguns tenham

conseguido relembrar algo de si, e o fato de compartilhar pode ter aberto horizontes aos outros. De fato, começamos a entrar em um espaço mais pessoal e íntimo que é um primeiro passo para a interioridade.

O importante de tudo isso, depois de descoberto o valor do silêncio como experiência, é repetir essa experiência do silêncio com certa assiduidade. Ir, aos poucos, pegando gosto, e aprender a "viver" o silêncio "sonoro" da própria interioridade...

QUARTO MOMENTO: QUEM FALA NO SILÊNCIO? RUMO À TRANSCENDÊNCIA

Entramos com tudo no mundo interior de cada um. Evidentemente, isso depende da capacidade de cada criança para entrar dentro de si, o que não só depende da própria criança mas sim do clima que pode ser criado, do modo como o animador conduz a experiência.

1. O silêncio do corpo

Percebemos que "estamos vivos": fechamos os olhos... respiramos... o ar entra e sai... percebemos como os braços pesam... ou as pernas...

Fazer uma experiência de relaxamento. Pode-se introduzir uma música ambiente, instrumental, muito suave e "relaxante". Dar mais tempo, controlado pelo animador ou pelo catequista.

2. O silêncio do eu

Passamos da experiência corporal à intimidade do próprio eu.

O silêncio do eu

Nós nos esquecemos do corpo…
O que estou fazendo…
O que penso nesses momentos?
Meus pais exigem…
Tenho amigos…
Brinco com eles…
Estudo…
Tenho problemas…
Tenho alegrias…

Como me chamo…
como me chamam…?
Mas eu, o que dizer de
mim mesmo?…
Pronuncio a palavra "eu"… Sem
nomes… Sem sobrenomes…
Não digo nada…
Fico assim, tranqui-
lo, um pouco…

Comentamos a experiência:

Abrimos os olhos lentamente…

- O que cada um fez nesse tempo?
- Conversamos com alguém?
- Como temos nos sentido?
- Nos custou muito?
- Seria bom repetir isso de vez em quando?

Até aqui chegamos à experiência. Para muitos animadores que seguiram esses passos, a experiência parece que fica truncada, como se necessitássemos de algo mais. No entanto, é preciso levar em conta que esse exercício não é um exercício fechado, como um tema de catequese. Já dissemos isso no começo.

Não é possível prever os passos que cada criança pode dar. Em nosso imaginário, essa experiência daria lugar ao encontro com Deus como fonte da própria interioridade. Mas esse é um caminho que não pode ser forçado. É mais do que isso, o exercício não tem como objetivo principal essa experiência religiosa explícita, mas uma "base"experimental humana de interioridade que é prévia e condicionante para qualquer outro passo que possa ser dado nessa direção.

Por isso, esse exercício ou outros, como já dissemos, deve ser repetido com frequência, inclusive no começo de cada encontro de catequese, ainda que seja por períodos curtos, para que nossas atividades – tanto nas oficinas quanto na catequese – não fiquem em exercícios puramente hipotéticos, incapazes de criar verdadeiros caminhos de personalização de toda experiência, inclusive simplesmente humana. O silêncio, então, é a base de todo o resto.

No entanto, é possível que uma ou várias crianças tenham dado algum passo nessa direção de experiência de Deus. Os animadores ou catequistas, no acompanhamento pessoal, deverão ajudá-las a dar passos pessoais necessários para que cada criança possa continuar escutando Deus no fundo do coração. Se isso acontecer, não apenas em nível individual, como também em grupo, estaria sendo criada a base religiosa experimental necessária para continuar avançando em uma catequese de iniciação.

OFICINA 2

NÃO É SÓ ISSO

Até o século XVII, a afirmação "Isso não é tudo" não havia precisado de nenhuma explicação, e sem dúvida não tinha sido ponto privilegiado para a experiência de Deus, exatamente por sua evidência. Mas no marco da modernidade, na qual a única verdade parece ser a da ciência e da tecnologia, parece ser exigível uma amostra de sua veracidade.

Assim, estamos diante de um obstáculo para facilitar o descobrimento de que isso que tocamos, isso que anunciam nossos sentidos e a que nos aproximamos desde o conhecimento técnico-científico, não é toda a realidade, que há mais realidade, e que essa realidade emergente e nova – praticamente nova para tantos contemporâneos – é mais real do que a realidade imediata; por isso pensamos que descobrir que "Isso não é tudo!" pode ser um ponto adequado para a experiência de Deus.

- Todos temos experiências nas quais, talvez por um instante, vemos que nossa vida não se reduz ao que fazemos ou ao que pensamos.
- Todos temos experiências nas quais, talvez por um instante, do mais profundo de nossa intimidade, surgem perguntas tão radicais que dão a impressão de que, mais do que feitas por nós, são uma grande pergunta que nos envolve e nos sustenta.
- Todos temos experiências nas quais, talvez por um instante, e sem motivos objetivos, em meio à dor ou à dificuldade, nos sentimos descrentes de qualquer esperança humana.
- Todos temos experiências nas quais, talvez por um instante, vemos a nós mesmos não dando ou doando-nos com generosidade que não poderíamos imaginar e que está além de nós mesmos.

Essas experiências são marcas do mistério que nos transcende, marcas que nos dão a certeza de que "Isso não é tudo". Que eu não sou "o último". Essas experiências podem ser um lugar confiável que leve a uma determinada experiência de Deus.

- "Isso não é tudo e eu não sou o último" é um exercício para se fazer e ficar conectado ao puramente externo de cada dia, na sazonalidade do momento presente e abrir uma brecha nele.
- É um exercício para despertar outra capacidade de olhar para a realidade; trata-se de outro olhar e de propor que nos exercitemos nela...

- É um caminho para fazer perguntas, nos aproximarmos da necessidade de encontrar "sentido" na realidade que existe, procurar e encontrá-lo… e perguntar por esse sentido é a porta de entrada para a Religião…

Mais uma vez, é preciso insistir que essas oficinas não são uma catequese "prática", mas um processo de experiências nas quais, ao longo do tempo, as pessoas podem ir descobrindo novos "territórios" da vida além do que se vê, se toca, se mede, se investiga "cientificamente". É um processo pessoal apoiado em experiências que podem facilitar esse caminho, ainda que nem todos cheguem a dar o salto final do caminho para a transcendência, à experiência de Deus.

1. Adultos

① ITINERÁRIO PEDAGÓGICO

AMBIENTAÇÃO

O texto *O Pequeno Príncipe*, de Antoine de Saint-Exupéry, faz com que vejamos a diferença entre o mundo de quem só se preocupa com as coisas externas e o de quem sabe olhar além do que se vê.

PRIMEIRO MOMENTO: AS "COISAS" NÃO SÃO TUDO

No mundo dos adultos, e, principalmente, das pessoas idosas, funcionam os "ditos populares". Essas pessoas já passaram por muitas experiências na vida para ter sua própria "filosofia". Uma filosofia aprendida, com certeza, nas leituras e outras informações de caráter cultural, segundo o nível diferente de cada um. Mas, acima de tudo, uma filosofia aprendida na vida.

É possível que tenha a ver com muitas coisas. Assim, os ditos populares costumam ter um lado pessimista ou, no mínimo, "realista", digamos...

Assim, é possível confrontar a própria experiência de vida com a verdade ou mentira que os ditos populares que se referem a esse sentido materialista-hedonista da vida, onde não existe nada que valha mais a pena do que aquilo puramente material, incluindo os anos de vida que cada um tem ou que ainda tenham para viver...

Uma brincadeira "de projeção" pode causar em nós a experiência de ganhar ou perder as coisas mais queridas... E compreender também o sentido opressor e alienante da sociedade de consumo: Como nos livrarmos de um estilo de vida que, ao mesmo tempo em que nos agrada, nos aliena e nos manipulam?

SEGUNDO MOMENTO: HÁ OUTROS VALORES QUE NÃO SÃO MATERIAIS

Mas não bastam as experiências negativas da vida. Cada um de nós também vivemos momentos de felicidade e plenitude.

Recordar esses momentos faz com que voltemos à experiência vivida e que a atualizemos ao verbalizá-la e contrastá-la. No fundo, todos temos algo em comum que pode nos levar a um sentido da vida mais pleno do que aquele que o mero consumismo nos ofereceu. É necessário fazer a experiência real de viver na austeridade e compreender, por experiência própria, que as "coisas" não são tudo... jovens e idosos podem ter experiências semelhantes.

Assim como as crianças podem gostar e se sentir motivadas com os contos e com as histórias, os idosos – assim como os jovens – podem ser motivados pela música e pela canção. E há muitas canções que reforçam essa ideia de vida simples que nos aproximam de um certo ideal humano de "redução".

Uma música motivacional pode ser a de Thiago Brado "*Verdades do tempo*". Mas podem ser usadas outras que a letra aborde o sentido e a forma de viver:

- *Minha essência* (Thiago Brado).
- *A vida do viajante* (Luiz Gonzaga).
- *Ainda bem* (Marisa Monte).
- *Velha infância* (Tribalistas).

- *Nas asas do Senhor* (Pe. Fábio de Melo).
- *O sol* (Vitor Kley).
- *Diversidade* (Lenine).
- *Pra você guardei o amor* (Nando Reis e Ana Cañas).
- *Vida* (Pe. Fábio de Melo).
- *Lamento dos imperfeitos* (Pe. Fábio de Melo).
- *Forma de sentir* (Pedro Guerra).
- *Verdades do mundo* (Detonautas).
- *Canção pra você viver mais* (Pato Fu).

É possível que o comentário da letra de uma música seja algo mais teórico do que experimental, mas é preciso colocar em jogo os valores que cada pessoa sente, e pode ser uma revelação de projeção da experiência que cada um tem da sociedade consumista em que vivemos.

A experiência da morte é uma experiência limite. Também a música tem abordado esse assunto e volta a ser um elemento de "projeção". Mas também temos — de um modo ou de outro — experiências pessoais com a morte.

TERCEIRO MOMENTO: OUTROS FORAM ALÉM

Há outros valores além dos valores simplesmente "humanos": valores transcendentes. Não se trata diretamente de descobrir Deus, mas de fazer um caminho no qual cada um chegará até onde possa. É imprevisível.

O "testemunho" é algo sempre interpelante. São pessoas de carne e osso que vivem profunda e também heroicamente, algum ou alguns valores "transcendentes". A palavra "transcendente" não significa imediatamente "religioso". As pessoas podem dar passos nesse sentido, desde o mais "laico" ao mais explicitamente religioso, sem dar valor prioritário a nenhum desses testemunhos. Nessa mesma linha de testemunhos também existem personagens históricos que têm tido um processo profundo de descobrimento do "transcendente", religioso ou não.

Filmes não necessariamente "religiosos", como *A vida de Pi*, *Chocolate*, *Água*, *De Deus e dos homens*, *O silêncio*... ou outros semelhantes podem dar base ao descobrimento desses "outros" valores que consideramos "transcendentes".

QUARTO MOMENTO: RUMO À TRANSCENDÊNCIA

É preciso insistir no silêncio, na interioridade e na personalização da própria experiência. Podemos aprofundar mais se dermos espaço a um período de silêncio muito experimental, com algum dos exercícios próprios da "meditação profunda", que nos leve a repensar como tem sido, como está sendo e como deveria ser o sentido da vida. Em algum momento é possível abrir essa experiência e o conjunto completo da oficina a uma reunião onde sejam confrontadas as diversas experiências. A poesia aparece também como elemento "provocativo" de experiências.

De novo temos que deixar aberto o tempo para o caminho de cada um dos participantes porque a oficina não pode se dar por terminada. A interação com outras oficinas diferentes que podem estar terminando ao mesmo tempo pode favorecer a experiência de que "Isso não é tudo" e abrir de novo o horizonte da transcendência e de Deus.

② DESENVOLVIMENTO DA OFICINA

AMBIENTAÇÃO: O que os idosos veem

O Pequeno Príncipe desenhava cobras jiboias que comiam feras, como vemos nos livros.

Mas ele as desenhava assim:

E as pessoas mais velhas sempre diziam que era um chapéu... Por isso teve que desenhar assim:

"Os adultos", disse Saint-Exupéry, "nunca compreendem sozinhas as coisas e acaba sendo muito cansativo para as crianças ter que dar explicações o tempo todo."

O pequeno príncipe parou de falar de serpentes com os mais velhos e começou a falar de gravatas e coisas do tipo...

PRIMEIRO MOMENTO: AS "COISAS" NÃO SÃO TUDO...

1. Uma reunião de frases populares

- "Aproveite, porque é isso o que você vai levar..."
- "Viva porque esses dias são importantes..."
- "Não podem tirar de mim..."
- "Aproveitar todos os prazeres da vida."
- "Vamos comer e beber porque amanhã morreremos."
- "Cada um sabe o que faz..."

– De quais expressões populares ou parecidas nos lembramos?

– Quais experiências temos, na vida, da verdade ou mentira dessas expressões populares?

– De quais experiências de vida lembramos?

2. Remover as coisas

É um jogo projetivo no qual sentimentos são despertados, reações são provocadas e atitudes se manifestam de modo espontâneo. Por isso é importante uma reflexão posterior para ajudar a reconhecer o valor que cada pessoa dá às coisas materiais. Nesse jogo, descobrimos como é difícil nos desprendermos de algo de que gostamos e que desejamos com muita força para nós mesmos sem pensar nos desejos dos outros.

Esse jogo só admite 10 jogadores, no máximo.

Regras do jogo

1. Cada participante deve trazer ao grupo alguns presentes (não se especifica o número), perfeitamente envoltos em jornal ou papel de presente.
2. Todos os presentes são reunidos, sem abrir, no centro da mesa.
3. Revezando-se, os participantes devem lançar dados ou cartas (de ludo, de pôquer...) e, tendo sido definido anteriormente, quais os números precisam dar igual nos dados ou cartas para que fiquem com o presente: dois ou três números "seis", ou "cinco", ou "dois" etc., se forem dados de ludo; dois ou três "Reis", "Áses", "Dez", se forem cartas de pôquer.
4. Cada um, segundo a sorte, vai pegando os presentes e os coloca a sua frente sem fazer mais nada. Assim, quando os presentes terminarem, um jogador terá um, outro terá três, outro não terá nenhum, outro terá cinco...
5. Nesse momento, todos, ao mesmo tempo, desembrulham e mostram os presentes para todos. Em seguida, concede-se um tempo para que sejam feitos comentários.
6. Deve ser decidido por quanto tempo ainda durará a brincadeira (meia hora, 45 minutos, uma hora...) e deve ser colocado um alarme com tempo determinado.

7. Os participantes voltam a jogar os dados, revezando-se. Quando conseguirem os números certos, podem escolher qualquer presente de qualquer outro jogador, e este deve entregá-lo, sem discutir. Assim, os presentes voltam a ser "redistribuídos" , e são estabelecidas "disputas" pelos presentes mais cobiçados, mais interessantes, mais valiosos etc.
8. Quando o alarme tocar, cada jogador fica com o que ganhou… ou fica sem nada, dependendo de sua sorte ou habilidade.

A importância dessa brincadeira está nos comentários que podem ser feitos na finalização: o que vivemos, como nos sentimos, que sentimentos despertou em cada um, sobretudo em relação às coisas.

3. A história das coisas

É possível ver e trabalhar com o vídeo *A história das coisas*:

> "Desde sua extração até a venda, uso e disposição, todas as coisas que existem em nossa vida afetam as comunidades, no entanto, a maioria de tudo isso é escondida. Esse vídeo, animado, dinâmico e cheio de dados, descreve em 20 minutos, o lado oculto de nossos padrões de produção e consumo. Expõe as conexões entre uma grande quantidade de problemas ambientais e sociais, e pede para que nos unamos para criar um mundo mais sustentável e justo."

O vídeo "A história das coisas" pode ser encontrado em: www.e-sm.net/ted5 (versão espanhola). No youtube encontra-se também a versão brasileira.

- Se estamos "presos" na sociedade de consumo, como podemos sair disso?

SEGUNDO MOMENTO: HÁ OUTROS VALORES QUE NÃO SÃO MATERIAIS

1. Momentos de felicidade

Em algum momento da vida sentimos felicidade.

- Escrevê-lo é um modo de fazer aflorar de novo essas experiências vividas.

- E a mesma coisa aconteceria se comentarmos com outras pessoas e reconhecermos o que há de comum em todas essas experiências, e entender o que realmente traz felicidade, e o que não traz felicidade, por quê ...

E podemos fazer a mesma coisa em outros momentos de infelicidade.

2. Um fim de semana inteiro sério

Os olheiros costumam fazer isso. É o que chamam de um dia de "sobrevivência". Isso não surge espontaneamente, é algo que precisa ser organizado e preparado dizendo aos participantes para que não se preocupem com nada, que já têm todo o necessário para passar bem o fim de semana.

Os que preparam a experiência devem estabelecer os critérios de austeridade, de consumo responsável e proporcionar material de possível entretenimento. Talvez sem televisão ou, em todo caso, se tiver, que seja velha ou com poucos canais. Não são necessárias cervejas nem bebidas alcoólicas. Comida muito simples, mas suficiente. E já pronta.

3. Uma música: Tempos modernos

Propomos que seja trabalhada a letra da música *Tempos modernos* (Lulu Santos), disponível na internet, cujo conteúdo contrasta com a vida real que estamos vivendo em nossa sociedade.

Toda experiência precisa de uma reflexão posterior:

- Qual ausência notamos?
- Se era preciso, se são coisas de que realmente precisamos.
- Quais coisas são as verdadeiramente necessárias para ser feliz e levar uma vida sã?
- O que sobra e o que falta a nossa sociedade para ser verdadeiramente feliz?

4. Quando tudo termina

Ainda que vivamos a existência pelo positivo, pela austeridade, pelo compromisso... tudo acaba. Isso nos obriga a fazer algo que normalmente não fazemos e do que frequentemente fugimos: refletir sobre a morte. A letra da música *Epitáfio* (Titãs), disponível na internet, é uma provocação para explorar o tema.

Não é difícil comentar com alguém, a nível pessoal ou como grupo, experiências vividas pessoalmente sobre a morte de uma pessoa especialmente significativa:

- Como vivemos.
- Quais sentimentos surgiram em nós.
- O que perguntamos a nós mesmos.
- Que sentido damos…

TERCEIRO MOMENTO: OUTROS FORAM ALÉM

Nós nos concentramos na vida de duas pessoas: Inácio de Loyola e da judia Etty Hillesum.

Inácio

No século XVI, existiu um personagem que mais tarde chegaria a ser considerado "santo". Mas no começo da vida, as coisas não eram assim. Em uma época de guerras, e por ser soldado, foi gravemente ferido e teve que ser levado para casa para se curar. O tempo passava e a situação foi se desenvolvendo, e ele pediu que levassem a ele alguns livros para se divertir, principalmente romances. O problema era que não havia romances na casa, mas livros religiosos e, principalmente, sobre a vida de "santos". Como não tinham outra coisa, começou a ler o primeiro livro que encontrou. Então sobre vidas de "santos".

Não lia o tempo todo, mas quando gostava de alguma coisa, parava de vez em quando para saborear a leitura. Inclusive chegava a pensar que também poderia fazer muitas das coisas que aqueles "santos" tinham feito. Outras vezes, se punha a recordar fatos e ocorridos do passado; mais do que tudo, pensava numa mulher pela qual, na realidade, estava apaixonado. E ficava sonhando acordado.

Mas o mais curioso — segundo ele —, foi o seguinte: "Havia ainda esta diferença: que quando pensava nessas coisas de sua vida e na mulher por quem era apaixonado, ficava muito feliz, mas por pouco tempo, e depois de um tempo, se sentia triste. E quando pensava nas outras vidas sobre as quais tinha lido, e em acabar como elas, não só ficava satisfeito, mas também alegre e, além disso, essa alegria durava muito tempo. Até que um dia se deu conta dessa diferença de sentimentos, e começou a pensar se aquilo não teria a ver com Deus, mais do que qualquer coisa."

- Havia algo além, na vida, do que o sucesso, o amor e o dinheiro?

Etty Hillesum

Etty Hillesum, jovem, judia, nasceu em Middelburg no dia **15 de janeiro** de 1914, mas viveu em Deventer (Holanda). Morreu no campo de concentração de **Auschwitz** no dia **30 de novembro** de 1943.

Etty era uma menina brilhante, intensa, que amava a leitura e o estudo da **filosofia**. Desde agosto de **1942** até o fim de setembro de 1943, Etty se ofereceu voluntariamente para trabalhar como assistente e enfermeira no **campo de concentração de Westerbork**, como enviada do Conselho. Enquanto o número de deportações de civis judeus continuava aumentando, em 1943, Etty chegou à conclusão de que a prisão era inevitável e se negou a aceitar os esconderijos que lhe eram oferecidos. Ela se entregou à **SS** no dia **6 de junho** de 1943, com seus pais e seus irmãos. A morte de Etty está registrada em um uniforme da **Cruz Vermelha** no dia **30 de novembro de 1943**.

Etty Hillesum manteve, durante muito tempo, uma profunda relação afetiva, inclusive física, com um amigo. Em seu processo pessoal, essa relação foi se aprofundando até um sentido mais "espiritual" de tal relação: "Antes era a sensualidade que tomava minha imaginação, e eu a desejava apenas como amante. Agora não é mais assim. Sei que as possibilidades do corpo logo se esgotam… O que me resta de desejo profundamente físico, posso dominá-lo agora muito bem… Tenho sentido muita calma". De tal modo que Etty planejou a possibilidade de viver sozinha: "…Eu poderia viver perfeitamente sem tudo isso… Inclusive essas circunstâncias, haveria em mim uma vida intensa e fecunda".

E pouco a pouco vem a necessidade de superar sua necessidade de livros, de relações, para encontrar o silêncio interior: "Apesar de todos esses encontros, de todas essas questões, de todos esses assuntos que devo estudar, é preciso que passe a dispor de um grande espaço de silêncio interior ao qual possa me recolher e voltar as minhas raízes mais profundas, inclusive em meio a uma grande agitação ou de uma conversa intensa".

Um tempo depois, Etty, por estímulo de um amigo, descobre o mundo da Bíblia como uma riqueza enorme, literária, vital e pessoal. E o hino ao amor, de São Paulo (1Cor 12): "O que se passava dentro de mim enquanto lia esse texto?... Tinha a impressão de que uma varinha mágica vinha a tocar a superfície endurecida de meu coração e assim, fazia brotar dele fontes ocultas. E me encontrei ajoelhada, de repente, perto de minha mesinha, enquanto que o amor, como liberado, me percorria toda, liberado da inveja, do ciúmes, das antipatias..."

E daí, o amor universal: "Serei realmente muito presunçosa se disser que tenho muito amor em mim para me contentar em dá-lo a apenas um ser? A ideia de que temos direito de amar apenas uma pessoa durante toda a vida, e somente uma, é ridícula, a meu ver. Nela, há algo pobre e mesquinho. Acabaremos por entender, no fim das contas, que o amor a todo ser humano nos traz infinitamente mais felicidade e é mais fecundo que o amor (exclusivo) ao sexo oposto, que priva a comunidade dos seres humanos de sua força?"

Mas Etty não está alheia aos acontecimentos terríveis do nazismo. "Tudo volta a começar: prisões, terror, campos de concentração... procuramos o sentido desta vida, nos perguntamos se ainda existe algum... mas se trata de um assunto a ser decidido a sós com Deus. É possível que cada vida tenha seu próprio sentido, e talvez seja preciso uma vida toda para descobrir".

E numa noite, descobre o sentido de Deus: "Fico a sós com Deus. Não há nenhuma outra pessoa para me ajudar. Tenho responsabilidades, mas ainda não as levo todas sobre meus ombros... Estou sempre completamente sozinha com Deus. Boa noite!"

E é quando tem uma experiência fundamental: "Hoje à tarde, me vi ajoelhada, de repente, sobre o tapete escuro do banheiro, com a cabeça envolvida no roupão de banho que estava sobre a cadeira de vime. Não consigo me ajoelhar muito bem, sinto um pouco de mal-estar... Por quê? Com certeza perguntou há em mim uma tendência crítica, racional e até ateia... Mas sinto em mim, de vez em quando, uma profunda vontade de me ajoelhar, com as mãos no rosto para encontrar, assim, uma profunda paz, me colocando para ouvir uma fonte escondida profundamente em mim".

> Mas o encontro com Deus é para Etty uma luta que deve ser enfrentada: "Estas palavras me acompanham há semanas: '...é preciso ter a coragem de expressar isso abertamente'. A coragem de pronunciar o nome de Deus." E mais adiante, conclui: "'O mundo surge como uma melodia da mão de Deus': essas palavras de Verwey têm ressoado em minha cabeça durante toda a viagem. Eu também queria ser como uma melodia que surge da mão de Deus".

Vamos refletir

Nas vidas dessas pessoas, podemos observar uma experiência que faz com que elas reconheçam dentro de si outros aspectos da vida não fabricados por eles mesmos, que vão além de seus interesses, de seus sonhos, de seu amor humano.

- Também procuramos algo mais em nossa vida?
- Sentimos necessidade de algo que percebemos, que desejamos profundamente, mas que não chegamos a alcançar totalmente?
- Novos horizontes estão sendo abertos a nós, de plenitude, de ir além das coisas, das relações, das circunstâncias?

QUARTO MOMENTO: RUMO À TRANSCENDÊNCIA

1. Momentos de interioridade

Se possível dedicar uma manhã ou uma tarde para fazer exercícios de interioridade. Apresentamos na sequência dois exercícios: A conclusão e A simplificação, propostos por Anthony de Mello[11].

A conclusão

Imagino que hoje eu vá morrer.
Preciso de tempo para estar sozinho
E escrever para meus amigos um tipo de testamento
No qual os seguintes pontos
Poderiam constituir muitos outros capítulos:

---

11 *El manantial.* Santander: Sal Terrae, 1984 [O exercício "A conclusão" (p. 17ss.) e "A simplificação" (p. 155)].

1. Há coisas que amei na vida:
- Coisas que saboreei…
- Contemplei…
- Ouvi…
- Escutei…
- Toquei…

2. Tais experiências apreciei…

3. Tais conceitos me ajudaram a me libertar…

4. Tais crenças deixei para trás…

5. Tenho vivido com tais convicções…

6. Tenho vivido para tais coisas…

7. Adquiri tais ideias na escola da vida:
- Ideias acerca de Deus,
- Do mundo,
- Da natureza humana,
- De Jesus Cristo,
- Do amor,
- Da religião,
- Da oração…

8. Corri tais riscos, assim como tais perigos…

9. Tais sofrimentos me moldaram…

10. A vida me ensinou tais lições…

11. Tais influências constituíram minha vida (pessoas, ocupações, livros, acontecimentos…)…

12. Tais textos bíblicos iluminaram meu caminho…

13. Tais coisas lamento de minha vida…

14. Consegui tais feitos…

15. Levo tais pessoas em meu coração…

16. Não satisfiz tais desejos…

17. Escolho um final para este documento:
- um poema (meu ou de qualquer outro);
- uma oração;
- um desenho;
- uma foto da revista;
- um texto bíblico;

qualquer coisa que me pareça que pudesse ser uma adequada conclusão ao meu testamento.

A simplificação

Para ver a vida como ela é
Nada é mais útil do que a
realidade da morte…

Imagino que me encontro
em meu próprio velório…
Vejo meu corpo no caixão…
Percebo o cheiro das
flores e do incenso…
Assisto a cada detalhe
do rito funerário…
Meus olhos pousam brevemente
Em cada um dos assistentes
do funeral…
Agora compreendo como
o tempo é breve
Que a eles sobra de vida…
Mas não percebem.
Bem agora seus
pensamentos se centram
Não em sua própria morte
Ou na brevidade da vida,
Mas em mim.

Hoje, é meu o espetáculo,
Meu último e grande
espetáculo sobre a terra,
A última vez em que sou
o centro da atenção.
Escuto o que o padre diz
Sobre mim em seu sermão…

E enquanto observo os
rostos dos presentes,

Fico encantado ao ver que
sentem minha falta,
Que deixo um vazio
no coração deles
E nas vidas de meus amigos…
Também é razoável pensar
Que pode haver pessoas,
entre os presentes,
Que fiquem satisfeitos com
meu desaparecimento…

Acompanho o cortejo
até o cemitério…
Vejo o grupo de pessoas
Que cerca o túmulo
silenciosamente
Enquanto as últimas
orações são ditas…
Vejo o caixão descendo
no túmulo
– o último capítulo de
minha vida –…

Penso em como minha
vida tem sido boa,
Com seus momentos
bons e ruins…
Suas fases de agitação
e de monotonia…
Seus sucessos e suas frustrações…
Estou de pé ao lado do túmulo,
Relembrando diversos
capítulos de minha vida,
Enquanto as pessoas voltam

A seus lares e aos seus afazeres,
A seus sonhos e as
suas preocupações...

Depois de um ano, volto à terra.
O doloroso vazio que
deixei quando parti
Foi preenchido inexoravelmente:
Minha lembrança sobrevive
no coração de meus amigos,
Mas agora pensam
menos em mim.
Agora, eles se interessam
pelos escritos de outros,
Se divertem na companhia
de outras pessoas;
Outras pessoas se tornaram
mais importantes para eles.
E assim deve ser; a vida
deve continuar...

Visito o local de meu trabalho.
Se tudo continua sendo feito,
Um outro o faz,
Um outro é quem
toma as decisões...

Os lugares que eu
costumava frequentar
Há apenas um ano
– lojas, ruas, restaurantes... –
continuam ali.
E não parece importar
Que eu não tenha passado
por essas ruas,
Visitado essas lojas e
pegado esses ônibus.

Ninguém sente minha
falta. Pelo menos ali.

Procuro alguns objetos pessoais
Como meu relógio,
minha caneta...
E aquelas coisas que
tinham para mim
Um valor sentimental:
Recordações, cartas,
fotografias...
Os móveis que usava... minhas
roupas... meus livros...

Volto de novo depois de
cinquenta anos de minha morte
E olho ao redor para comprovar
Se ainda há alguém
Que se lembre ou fale de mim...

Passam cem anos e
volto de novo.
Com exceção de uma ou
outra fotografia desbotada
Em um álbum ou
em uma parede
E da inscrição em meu túmulo,
Pouco restou de mim...
Nem mesmo a lembrança
dos amigos.
No entanto, procuro algumas
marcas de minha existência
Que possivelmente tenham
ficado na terra...
Olho dentro de meu túmulo
E encontrou um punhado de pó

E uns pedaços de ossos
em meu caixão.
Fixo o olhar nesse pó
E relembro minha vida:
As vitórias… as tragédias…
Os anseios e os júbilos…
Os afãs e os conflitos…
As ambições e os sonhos…
Os amores e os desafetos…
Que formaram minha existência:
Tudo isso tem sido espalhado
aos quatro ventos,
Absorvido no universo…
Fica apenas um pouco
de pó para indicar
Que em algum momento
minha vida aconteceu!

Enquanto analiso esse pó,
É como se me tirassem
dos ombros
Um peso enorme: o
peso que vem
De acreditar que
tenho importância…

Depois, olho para cima e analiso
O mundo que me cerca
– as árvores, os pássaros, a terra,
as estrelas, a luz do sol,
o choro de uma criança,
um trem que parte a
toda velocidade,
uma multidão apressada…
a dança da vida e do universo…
– e sei que em alguma parte
de todas essas coisas
ficam os restos da pessoa que fui
e da vida que foi minha.

2. Reuniões

As reuniões são sempre necessárias para contrastar o que até agora fizemos com nossa vida.

Como em todas essas oficinas, o processo fica aberto aos passos que cada pessoa tenha realizado em seu caminho pessoal. O caminho para a transcendência não pode ser imposto nem programado.

3. Um poema

Para a leitura pessoal, mas também em grupo, depois da leitura individual, será muito útil este poema – "Um homem pergunta" – de Gloria Fuertes.

Um homem pergunta

Onde Deus está?...
Se é visto ou não.
Se precisam dizer a você onde
Deus está, Deus vai embora.
De nada adianta dizerem que
Ele mora em sua garganta.
Que Deus está nas
flores e nos grãos,
Nos pássaros e nas chagas,
No feio, no triste, no
ar e na água.

Deus está no mar e, às
vezes, no templo;
Deus está na dor que fica
e no velho que passa,
Na mãe que pariu e no carrapato,
Na mulher pública e na
torre da mesquita branca.
Deus está na mina e na praça.

É verdade que Deus está
em todas as partes,
Mas é preciso vê-lo, sem
perguntar onde está,
Como se fosse mineral ou planta.
Fique em silêncio,
Olhe no rosto.
O mistério de que você
veja e sinta, não basta?

Passa uma criança cantando,
Você a ama;
Ali está Deus.
Ele está em sua língua
quando você canta,
Na voz quando blasfema,
E quando pergunta
onde Ele está,
Essa curiosidade é Deus, que
caminha por seu sangue amargo.

Nos olhos, Deus está
quando você ri,
Nas veias quando você ama.
Ali está Deus, em você;
Mas você precisa ver.

Não adianta que
sinalizem para você,
Que digam que Deus está
no ermitão, de nada.

Você tem que sentir,
Escalando, arranhando,
limpando,
As paredes de sua casa.

Não adianta que digam a você
Que está nas mãos de todo
mundo que trabalha;
Que está nas mãos do guerreiro,
Ainda que este comungue
ou pratique alguma religião,
dogma ou doutrina.

Foge das mãos daquele
que reza, e não ama;
Daquele que vai à missa e
não acende aos pobres
Uma vela de esperança.

Costuma estar no subúrbio
altas horas da madrugada,
No hospital, e na casa
cheia de grades
Deus está nesse tão sem
nome que vem
Quando algo te deixa encantado.

Mas não adianta que
digam a você
Que Deus está em
cada ser que passa.

Se o homem que compra
chinelos lhe angustia,
Se a vida de quem sobe e
não desce lhe inquieta,
Se você se esquece de si e deles,
e se não se empenha pra nada,
Mas se uma angústia
toma conta de você,

Se amanhece um dia
assoviando de manhã
E sorri a todos e a
todos agradece,
Deus está em você,
sob sua gravata.

2. JOVENS

① ITINERÁRIO PEDAGÓGICO

O roteiro destinado aos jovens segue fundamentalmente o mesmo sentido e os mesmos momentos que destacamos para os adultos ou idosos.

É preciso fazer um processo por meio de três momentos fundamentais. No entanto, apesar de parecer que esses momentos respondem a uma programação linear, podem muito bem ser realizados fora da ordem que aqui expomos, de modo que os animadores tenham interiorizado esse roteiro e possam ir "colocando cada coisa em seu lugar" no processo pessoal dos participantes.

Além disso, tudo isso pode ser intercalado com outras experiências relacionadas a outros aspectos da experiência que procuram nos aproximar da experiência de Deus, principalmente o silêncio, sempre presente em todos os processos e oficinas.

AMBIENTAÇÃO

Como dissemos em relação aos adultos, o texto de *O Pequeno Príncipe*, de Antoine de Saint-Exupéry, nos faz ver a diferença entre o mundo de quem só se preocupa com coisas externas e o mundo de quem sabe ver mais do que enxerga.

PRIMEIRO MOMENTO: AS "COISAS" NÃO SÃO TUDO

Temos muitas coisas em excesso e sem elas não deixamos de viver bem e de ser felizes. Podemos viver com pouco. O importante é a atitude que temos diante das coisas materiais. Nesse sentido, faz-se a mesma proposta apresentada para os idosos, as brincadeiras são uma maneira de trazer essa atitude à luz contanto que sejam especialmente projetivas. Essa "projeção" é o que constitui a experiência: O que sinto quando me "tiram" o que mais desejo? Não perguntamos do que poderíamos abrir mão sem perder a paz, a tranquilidade ou a felicidade, mas fazemos isso brincando e talvez perdendo as coisas que mais queremos… É preciso preparar bem essa experiência, colocando "em jogo" coisas muito valiosas para as pessoas. Por isso não se deve deixar tudo para a improvisação, é preciso pensar e preparar tudo. A experiência, bem realizada, pode ser muito "dura".

Há outras experiências que realizam mais ou menos a mesma coisa: acampamentos, excursões de vários dias vivendo com o imprescindível, talvez sem televisão, móveis, jornais, rádio… No entanto, a ausência total de informação pode não ser tão real… A experiência de ter perdido algo valioso ou necessário também é uma experiência importante… Como sempre, o acompanhamento pessoal das situações criadas é importante para o processo.

SEGUNDO MOMENTO: HÁ OUTROS VALORES QUE NÃO SÃO MATERIAIS

As "coisas" não são a base da felicidade. Acima das coisas há outros valores que "não se alcançam", mas são absolutamente necessários para viver: o amor, o carinho, o respeito, o humor, a beleza… Em muitos momentos, espontâneos ou preparados, pode ocorrer essa experiência de valores que medem a capacidade de mobilização generosa das pessoas quando têm que optar entre coisas e valores.

É necessário perguntar por que temos agido desse modo, que experiência tivemos, que coisas são as que realmente valorizamos e se são de fato as que têm valor, o que pensamos das atitudes de outras pessoas diante desse mesmo ato.

TERCEIRO MOMENTO: UMA VIDA MISTERIOSA

Buscamos alguns relatos interpelantes. São pessoas de carne e osso que vivem profunda e até heroicamente, algum ou alguns valores "transcendentes".

E podemos buscar os filmes citados para os adultos: *A vida de Pi, Chocolate, Água, Dos Homens e dos Deuses, O Silêncio…* e outros semelhantes.

QUARTO MOMENTO: RUMO À TRANSCENDÊNCIA

Há também testemunhos que manifestam, a partir de sua própria experiência, que há outros valores além dos valores apenas "humanos": valores transcendentes, ainda que não necessariamente se chegue a pronunciar a palavra "Deus". Disso já falamos no "itinerário pedagógico" das pessoas adultas.

É preciso interiorizar as atitudes e sentimentos que ocorreram em todos esses momentos: satisfação ou frustração, inveja, plenitude ou ansiedade entre outros, para regular o "valor" que damos às coisas materiais, ao ter ou não ter, ao adquirir ou ao ser deixado.

② DESENVOLVIMENTO DA OFICINA

AMBIENTAÇÃO

É a que já explicamos na **"ambientação"** dos adultos, sobre uma parte do texto de *O pequeno príncipe*, de Antoine de Saint-Exupéry.

PRIMEIRO MOMENTO: AS "COISAS" NÃO SÃO TUDO

Deixarmos as coisas

O mesmo jogo e a mesma experiência de sobrevivência que propomos aos adultos podem servir com os jovens.

A experiência de ter perdido algo importante pode ser uma experiência que ocorra conosco durante o mesmo processo ou pode ser uma experiência provocada, ocultando algo importante para a pessoa. Vemos os sentimentos que provocam o desaparecimento desse objeto e nos concentramos no descobrimento de que nada é imprescindível: nem o móvel, nem o relógio, nem a escova de dentes, nem o pente, nem os pingentes...

Mas também é necessário experimentar e valorizar o positivo: existem valores não materiais que essas experiências suscitam: amizade, companheirismo, solidariedade, generosidade, ajuda e outros.

SEGUNDO MOMENTO: HÁ OUTROS VALORES QUE NÃO SÃO MATERIAIS

1. Uma tarefa a realizar

Quando estando fazendo algo muito importante, ou divertido, ou urgente recebemos uma chamada urgente — uma mensagem de WhatsApp, um telefonema — que obriga a deixar o que se fazia... assim é onde se mede a capacidade de mobilização generosa de um grupo e das pessoas, além das coisas materiais.

2. Uma casa para cuidar

É preciso preparar uma casa para alguém que vai vir e para quem queremos deixá-la o mais acolhedora possível. Poderia ser uma família imigrante ou de refugiados, um parente.

- Bastam as coisas materiais para conseguir esse ambiente acolhedor e amável?

3. Uma comida

Na hora de preparar uma festa ou um prato em homenagem a alguém ou por qualquer outro motivo importante, preparamos apenas o material?

4. Um "fim" de caminho

Entrar na "movimentação" para experimentar em primeira pessoa e por dentro, o modo de se divertir de muitos jovens: o que acontece, como as pessoas se relacionam entre si, o modo de "ligar", o modo de se comportar ou de se divertir e outros.

Ver os valores e os antivalores analisados. É importante compartilhar e refletir de modo crítico sobre esse tipo de experiências:

- Até que ponto esses jovens ficam ou nós mesmos ficamos satisfeitos?
- O que realmente é "preenchido" e o que não é "preenchido" nessas experiências?
- Deixamos alguma coisa de fora?

Uma maneira de interiorizar o vivido é escrever uma carta a si mesmo sobre como se valoriza o modo de se divertir e de viver, o que tem e o que falta.

TERCEIRO MOMENTO: UMA VIDA MISTERIOSA

1. Um testemunho interpelante

Uma análise ampla de uma pessoa que tomou a decisão de viver com grande austeridade ou com uma simplicidade de vida por motivos espirituais ou convicções transcendentes, ainda que não necessariamente "religiosos": um ermitão ou ermitã; um mosteiro de monges trapistas ou outros; um pastor; também pode ser um doente com uma doença incurável ou terminal... ou uma família com um filho com síndrome de Down, uma comunidade "Fé e luz" etc.

2. Outros foram além...

São os mesmos procedimentos e filmes do itinerário dos adultos.

QUARTO MOMENTO: RUMO À TRANSCENDÊNCIA

1. Atitudes e sentimentos

Depois de todas essas experiências vividas, é o momento de pensar e avaliar: sentimentos de satisfação ou frustração, de inveja, de plenitude ou ansiedade dentre outros, e ajustar o "valor" que damos às coisas materiais, ao ter ou não ter, ao adquirir ou ao ser desprovido. E avaliar se a experiência possibilitou colocar-se em um caminho aberto em direção à transcendência.

Pode ser combinado com algum exercício final próprio da oficina de silêncio e interioridade. E uma pergunta mais direta: O que te diz a palavra "Deus"?

2. Um poema

O mesmo que colocamos no itinerário de adultos: "Um homem pergunta" de Gloria Fuertes.

OFICINA 2 | NÃO É SÓ ISSO

3. Crianças

① ITINERÁRIO PEDAGÓGICO

PRIMEIRO MOMENTO: AS COISAS NÃO SÃO TUDO

Todos os processos começam "fora" para, aos poucos, irem interiorizando a experiência. Pegamos, por exemplo, um filme ou um conto como *Charlie e a fábrica de chocolate* (é um conto famoso de Roald Dahl), *Pinóquio* ou outro.

Em alguns deles, os personagens – infantis – confrontam as coisas e estabelecem uma determinada relação com elas: possuí-las, esgotá-las, monopolizá-las, evitá-las... Algumas vezes de um modo de testemunho e outras como moral da história, esses personagens podem servir de espelho às crianças para descobrir, primeiro em teoria e depois de sua própria experiência, que as coisas "não são tudo".

SEGUNDO MOMENTO: HÁ OUTROS VALORES QUE NÃO SÃO MATERIAIS

Mas precisamos viver experiências reais que nos façam questionar as coisas que valorizamos: O calor e o carinho familiar, o valor dos amigos, o valor das coisas bem feitas... São muitas as ocasiões nas quais as crianças podem sentir a ausência ou a presença do carinho em casa, a experiência da amizade, a experiência satisfatória do dever cumprido... As experiências dos acantonamentos ou acampamentos são momentos privilegiados. Acampamentos ou retiros de um dia, convivências de fim de semana, são momentos nos quais é possível ajudar a descobrir que as coisas "não são tudo"...

Ambas as coisas devem conduzir a criança a superar sua vontade de dar muito valor às "coisas". Coisa nada fácil, dado o tamanho da pressão que recai sobre eles, principalmente vinda da publicidade. Por isso, quanto mais experiências forem feitas em momentos satisfatórios fora da dependência das coisas (*Playstation*, celular, tablets, *whatsapp* e outras ferramentas tecnológicas), muito melhor. O campo, o jogo, os interesses, são elementos essenciais.

E, por outro lado, é preciso se aprofundar em experiências gratificantes obtidas nas relações afetivas: família, amigos... Grande parte dessas coisas depende da criatividade dos animadores ou catequistas e nem todas podem ser apenas "programáveis".

TERCEIRO MOMENTO: RUMO À TRANSCENDÊNCIA

Uma experiência fundamental na vida das crianças é o momento de ir dormir, onde se vivem experiências importantes da relação com as coisas (livros, bichinhos de pelúcia etc.), com o ambiente (luz, escuridão, janelas, o exterior), com os entes queridos (o beijo de boa noite, a história...), consigo mesmo: na escuridão fico sozinho.

Nesse contexto surge a questão do medo e dos medos, a confiança e a necessidade de algo/alguém seguro a quem nos apegarmos. Um bom pedagogo, educador ou animador pode ajudar as crianças a vivenciarem essas experiências e fazer com que a elas seja "sugerida" a ideia do transcendente. Além do valor do silêncio, como vimos na oficina correspondente, as histórias continuam sendo um item essencial na pedagogia infantil.

Quando tudo falha, algo muito normal, deparamos com a fragilidade, e isso é muito importante em momentos especialmente graves. A fragilidade é um campo aberto à experiência da transcendência.

② DESENVOLVIMENTO DA OFICINA

PRIMEIRO MOMENTO: AS COISAS NÃO SÃO TUDO

1. Um livro e um filme

> **Charlie e a fábrica de chocolate**
>
> Charlie Bucket é uma criança que vive com os pais e os avós maternos e paternos em uma casinha simples. São pobres e passam fome. Charlie e seu avô Joe sonham visitar a Fábrica de Chocolates Wonka, que ficou fechada por anos. E o sonho vai se tornar realidade.

Willy Wonka, dono da fábrica, coloca em circulação, dentro da embalagem de seus chocolates, cinco bilhetes dourados. Esses bilhetes permitirão, a cinco crianças que os encontrarem, visitar a fábrica e ganhar chocolates e guloseimas para a vida toda, levando o ganhador a receber um prêmio muito especial.

Augustus Gloop, Veruca Salt, Violet Beuregarde, Mike Tevé e Charlie Bucket serão os felizes ganhadores. Todos entram com seus pais, menos Charlie, que irá acompanhado de seu avô Joe.

Ali dentro, descobrem, através do excêntrico senhor Wonka (que os recebem na entrada da fábrica), um mundo maravilhoso de chocolate e guloseimas. Cada uma das crianças vai saindo da fábrica devido a suas manias, defeitos e má-educação. Augustus Gloop, guloso, cai em um rio de chocolate, e é absorvido por um tubo que leva para fora da fábrica. Violet Beuregarde, que masca chicletes obsessivamente, e muito competitiva, se transforma em uma amora gigante por provar um chiclete experimental com gosto de refeição completa de dois pratos e sobremesa. Veruca Salt, menina mimada que não para de fazer pedidos, é expulsa pelo cano por esquilos por ter roubado um deles. Mike Tevé, muito observador, é transformado em um pequeno personagem de televisão a quem é preciso esticar como um chiclete para que volte a ter uma aparência minimamente normal (isso significa que 4 crianças partiram).

Por fim, só resta Charlie na fábrica, o vencedor. O prêmio é a fábrica: o Senhor Wonka está envelhecendo e quer um herdeiro, e o bondoso e prudente Charlie será esse o seu herdeiro.

Um comentário possível:

- Quais crianças visitam a fábrica de chocolate.
- Como é cada um deles (menos o menino protagonista).
- Por que não herdaram a fábrica de chocolate.

E focar-se no protagonista:

- Como é sua casa, sua família…
- Como consegue o bilhete de ouro.

- O que há de diferente das outras crianças durante a visita à fábrica.
- Por que ele herda a fábrica de chocolate...

E em seguida, personalizá-lo:

- O que você faria se encontrasse tanto chocolate assim, se pudesse trocar o valor do chocolate por "x" reais...
- Do que poderia abrir mão sem deixar de ser feliz...
- E o que ocorre ao dono na relação com seu pai...

Brincadeira

Para deixar a história mais "real", com certeza cada criança consegue se lembrar de alguma vez em que passou por algo parecido com o que ocorre no filme. Assim, pode se lembrar da experiência de quando aprendeu que esse modo de viver as coisas não é bom.

É possível fazer várias coisas com filmes como esse. Nesse caso, por exemplo:

- Imprimir uma imagem de tamanho natural dos personagens do filme, recortar os rostos para que as crianças possam colocar seu rosto no lugar. Em ordem, cada criança se coloca no lugar dos personagens e diz quando se comportou como cada um deles na vida. Isso serve para que as crianças descubram como os valores e contravalores estão arraigados na vida de todos.
- No caso de a prática não ser possível, distribuir uma folha na qual apareçam os personagens do filme, também sem os rostos. Convidar as crianças para que desenhem seus rostos nos personagens, explicando quando se comportaram da mesma maneira.

OS PERSONAGENS

CHARLIE

Charlie é uma criança cuja família era pobre e só uma vez por ano recebia o que queria, seu presente de aniversário, que era um tablete de chocolates Wonka. Um dia, na rua, encontrou algum dinheiro, e decidiu gastá-lo comprando mais chocolates, e assim, acabou sendo o ganhador do bilhete de ouro Wonka, e com ele, poderia visitar a fábrica de chocolates com seu avô.

WONKA

Ele é dono da fábrica de chocolates que ficou fechada por muitos anos, e a abriu apenas para que as cinco crianças ganhadoras pudessem visitá-la. Os Oompa Loompas trabalham para eles, e realizam o trabalho na fábrica.

VIOLET

Violet é uma menina um pouco rara por seu caráter, além de adorar chicletes. Ganhou um prêmio e foi reconhecida como a menina que mais tempo passava mascando chiclete. Não deixava os chicletes de lado, a não ser que fosse para tirar um e colocar outro, o que também a impediu de acabar a visita guiada pela fábrica ao provar um chiclete que ainda não tinha terminado... E foi difícil.

MIKE

É um menino que passa a vida na frente da televisão ou de qualquer equipamento eletrônico. Ao visitar a fábrica e encontrar uma sala cheia de videogames novos, não queria sair dali, nem sair da fábrica.

VERUCA

É a típica menina rica a quem os pais permitem tudo e a quem sempre dão tudo, e assim consegue um bilhete de ouro para entrar na fábrica. O fato de ser tão geniosa não é bom para ela na fábrica, uma vez que quer ter um esquilo, e por fim, os esquilos acabam "atacando-a" e ela tem que ir embora sem terminar a visita, assim como as outras crianças, exceto Charlie, claro...

2. Uma história

> ### As três bolinhas de gude
>
> "Durante os difíceis anos da Revolução, em um povoado pequeno de Aguascalientes, México, costumava passar na venda do Sr. Muro para comprar legumes e frutas. Faltava comida e faltava dinheiro, e a permuta era muito usada. Certo dia, o Sr. Muro estava empacotando algumas batatas para mim. De repente, vi um menino pequeno, de corpo e aparência delicados, com roupa puída, mas limpa, que olhava atentamente para uma caixa de peras frescas e maravilhosas. Paguei minhas batatas, mas também me senti atraído pelas peras. Adoro doce de pera e também de batatas! Admirando as peras, não tive como não ouvir a conversa entre o Sr. Muro e o menino.
>
> — Olá, Toño. Como você está?
>
> — Olá, Sr. Muro. Estou bem, obrigado... Estou apenas olhando as peras... Estão muito boas.
>
> — Sim, são muito boas. Como está sua mãe?
>
> — Bem. Cada vez melhor.
>
> — Que bom. Posso ajudar em alguma coisa?
>
> — Não, senhor. Só estava olhando as peras.
>
> — Gostaria de levar algumas para casa?
>
> — Não, senhor. Não tenho dinheiro para pagar por elas.
>
> — Tudo bem. O que tem para fazer uma troca?
>
> — A única coisa que tenho é isto, minha melhor bolinha de gude.
>
> — É mesmo? Posso vê-la?
>
> — Aqui está. É uma joia!
>
> — Estou vendo. O único problema é que essa é azul e eu gosto das vermelhas. Tem alguma como essa, mas vermelha, na sua casa?
>
> — Não exatamente, mas quase.
>
> — Vamos fazer uma coisa. Leve essa sacola de peras para casa e, quando vier aqui de novo, traga a bolinha de gude vermelha.
>
> — Claro! Obrigado, Sr. Muro.
>
> A Sra. de Muro se aproximou e com um sorriso, disse:
>
> — Há mais dois meninos como ele em nossa comunidade, todos em situação de muita pobreza. Salvador adora fazer permuta com eles de peras, maçãs, tomates, o que for. Quando as crianças voltam com a bolinha de gude vermelha, ele as manda de volta para casa com outra sacola do mercado e com a promessa de trazerem uma bolinha de gude laranja ou verde, talvez.

Saí dali sorrindo e impressionado com aquele homem. Um tempo depois, eu me mudei para Guadalajara, mas nunca me esqueci dele, das crianças e das permutas entre eles.

Vários anos se passaram, um mais rápido do que o outro. Recentemente, tive a oportunidade de visitar uns amigos nessa comunidade em Aguascalientes. Enquanto estive ali, soube que o Sr. Muro tinha morrido. Naquela noite, tinha sido seu velório e, sabendo que meus amigos queriam ir, aceitei acompanhá-los.

Ao chegar ao velório, entramos em fila para conhecer os parentes do morto e para oferecer nossos sentimentos. À nossa frente, na fila, havia três homens jovens. Um estava vestindo um uniforme militar, e os outros dois, belos ternos pretos com camisas brancas. Pareciam profissionais. Aproximaram-se da Sra. Carmelita, que estava ao lado do morto, tranquila e sorridente. Todos os homens a abraçaram, beijaram e conversaram brevemente com ela, e logo se aproximaram do caixão. Com os olhos castanhos e cheios de lágrimas, a Sra. Carmelita acompanhou cada um deles, enquanto cada um tocava a mão gelada dentro do caixão. Todos saíram emocionados dali. Chegou a nossa vez e quando me aproximei da Sra. Muro, disse a ela quem era e recordei o que ela havia me dito alguns anos atrás sobre as bolinhas de gude. Com os olhos brilhando, pegou minha mão e me levou ao caixão.

– Esses três jovens que acabaram de sair são os três garotos de quem falei. Acabaram de me dizer o quanto são agradecidos pelas "trocas" de Salvador.

Agora que ele não podia mudar de opinião sobre o tamanho ou a cor das bolinhas de gude, vieram pagar sua dívida.

– Nunca fomos rico – disse ela –, mas agora Salvador se consideraria o homem mais rico do mundo.

Com carinho, levantou os dedos sem vida do esposo. Embaixo deles havia três bolinhas de gude vermelhas muito brilhantes.

Assim como nos filmes, é preciso analisar histórias como essa:

- Sobre o que é a história.
- Quem são os protagonistas.
- O que faz o Sr. Muro.
- Como é a troca do Sr. Muro.

- O que era mais importante para ele...
- E personalizar:
- O que é mais importante para nós.
- Seríamos capazes de fazer algo semelhante ao que fez o Sr. Muro sem pensar no futuro?

SEGUNDO MOMENTO: HÁ OUTROS VALORES QUE NÃO SÃO MATERIAIS

Os acantonamentos ou acampamentos são um marco excepcional para a experiência do "não é só isso" e para descobrir um "valor" superior ao puramente material.

Em um acantonamento ou acampamento, podemos descobrir a necessidade do ambiente afetivo familiar. Em outro, o valor da alegria, da brincadeira, dos amigos. Em outro, o valor das coisas bem feitas, da autoestima.

1. A necessidade do ambiente familiar

"Ansiar" pelo ambiente familiar significa valorizá-lo: o carinho e o abrigo seguro da família são mais importantes do que as coisas que a família tem.

Em um acantonamento ou acampamento, as seguintes atividades podem ser realizadas:

1. Desenhar as pessoas de quem você mais gosta entre as quais convive em casa. Relacionar: suas qualidades, o que você mais gosta nelas, com quem gosta de passar mais tempo, a quem conta seus problemas...
2. Antes de comer: fazer o "cardápio ideal", o que você mais gosta de comer... escolhemos um por consenso e o preparamos. É possível prepará-lo? Como?
3. Comentamos entre todos: já fizeram essa comida na sua casa alguma vez? Quem a fez? Fazem, em sua casa, as coisas de que você mais gosta? Por quê? Parece com o que comemos aqui? Por quê?
4. À tarde, realizar uma oficina para preparar um presente à pessoa de sua família de quem você mais gosta.
5. Atividade noturna: como fazemos o "ritual" de ir à cama todo dia?

2. Descobrir o valor da alegria

Desde cedo, poderíamos despertar com a canção "Amigo", de Roberto Carlos, ou "Um milhão de amigos", facilmente encontradas na internet.

Ao longo do dia, uma equipe escolhida para ser de "jornalistas" fotográficos se dedica a captar momentos de amizade no acampamento; outro grupo inventa um conto encenado para expressar o que é a amizade…

3. As cores da amizade

Uma atividade bonita seria identificar nossos amigos segundo "as cores da amizade": dar a cada amiga(o) uma tira de cartolina de sua cor explicando por que está dando tal cor; para que cada um faça algo que expresse sua cor de amigo.

> **As cores da amizade**
>
> **Há um amigo da cor verde:** aquele que sempre se concentra no que há de bonito na vida e nas coisas. Sempre nos incentiva.
>
> **Há um amigo de cor azul:** ele nos passa paz e tranquilidade, como quando vemos o céu azul e sem nuvens e a água azul e cristalina do mar.
>
> **Há um amigo da cor amarela:** nos dá calor, nos faz rir, nos enche de alegria e parece capaz de chegar às estrelas.
>
> **Há o amigo da cor vermelha:** é aquele cheio de vitalidade, apaixonado. Está cheio de afeto. Ele nos diz quando há perigo, mas nunca nos intimida, e sim, o contrário. Ele nos enche de vida.
>
> **Há o amigo cor de laranja:** ele nos dá a sensação de saúde, de energia. Ele nos dá força.
>
> **Há o amigo cor cinza:** ele nos ensina o valor do silêncio, da interioridade. E nos ajuda a nos conhecermos por dentro. Nos dá profundidade.
>
> **Há o amigo cor de violeta:** ele traz nobreza, autoridade e sabedoria. E nos transmite dignidade.
>
> **Há o amigo de cor preta:** ele nos ensina o lado mais escuro de nós mesmos. Ele nos diz a verdade, mas para nos ajudar. Ele nos desperta.
>
> **E há o amigo da cor branca:** ele nos ajuda com seus conhecimentos. E nos faz ver que os outros também podem nos ensinar coisas. E nos ajuda a sermos pessoas receptivas.

Por fim, reunidos em grupos de amigos, ao longo do dia, são preparados eventos para o período da noite: o karaokê da amizade, danças, coreografias, brincadeiras, cartazes...

4. O valor de descobrir as coisas bem feitas

Trata-se de fazer bem todas as coisas que são necessárias em um acampamento, acantonamento. Para isso, pode-se fazer uma reunião pela manhã ou no início, dando regras claras para o dia, segundo as coisas que precisam ser feitas:

- Limpeza (papéis...).
- Organização dos objetos pessoais.
- Pontualidade nas atividades.
- Higiene (banho, escovação dos dentes...).
- Como participam nas oficinas...
- Preparar a comida.
- Arrumar a mesa e cuidar da roupa.

As crianças precisam entender que as coisas necessárias que temos que fazer como: varrer, tomar banho, arrumar a mesa, dentre outras, podem ser realizadas com diferentes humores, como, por exemplo, protestando, com mal humor, ou, pelo contrário, com alegria, com espírito de companheirismo... Ou seja, atrás das coisas há algo mais, algo que não se vê, mas que se sente e que faz com que as coisas que façamos sejam agradáveis ou perversas, humanas ou vazias.

No fim do dia, podemos fazer um "referendo da amizade": entrega de prêmios, por votação popular, à pessoa mais popular, à mais simples, à mais alegre, à mais habilidosa, à mais organizada, à mais falante, à mais colaborada, à mais simpática, à mais criativa, à mais carinhosa, à mais positiva, à mais pacifista ou outra.

TERCEIRO MOMENTO: RUMO À TRANSCENDÊNCIA

1. O ritual de se deitar

Dentre todas as experiências, podemos nos aproximar de uma vivência fundamental na vida das crianças: o momento de nos deitarmos. Cada um contar como vive e como é, à noite, o momento de se deitar para dormir. É um ritual! Nesse rito, é colocado em jogo o tema da confiança e da insegurança e, também muito importante, os medos.

Assim, vamos falar do sentido dos objetos com os que as crianças se deitam, da questão da luz ou da escuridão, o papel dos entes queridos, a noite, o exterior (janelas, luzes, vozes etc.) e, principalmente, do medo e da confiança: do que sentem medo e em que ou em quem podem confiar.

2. Histórias para nos fazer dar o salto

Há histórias muito bonitas que podem nos ajudar a dar o "salto" ao transcendente, tirando delas uma conclusão. Citamos duas: a *História dos índios cherokee* ou *O menino que tocava Mambrú foi para a guerra*, canção popular francesa.

O ritual dos índios cherokee

"Quando o menino entra na adolescência, seu pai o leva à floresta, venda seus olhos e se afasta, deixando-o sozinho. O menino tem o dever de se sentar em um tronco e passar a noite toda ali.

Não pode tirar a venda antes de os raios de sol brilharem de novo pela manhã. Não pode pedir ajuda a ninguém. Se sobreviver a essa noite, já será um homem. Não pode falar com os outros meninos sobre essa experiência porque cada menino tem que se tornar adulto sozinho.

O garoto, naturalmente, está aterrorizado. Consegue ouvir todos os tipos de ruídos: feras selvagens ao seu redor, lobos que uivam, talvez algum ser humano que possa lhe causar dano... Sentado, corajosamente no tronco, sem tirar a venda. Escuta o vento soprar e as árvores farfalhando... É a única maneira com a qual pode chegar a ser um homem.

Por último, depois dessa noite terrível, o sol sai e o menino tira a venda... Então, descobre seu pai sentado a seu lado. Seu pai não se afastou, passou a noite toda em silêncio a velá-lo, sentado em um tronco para proteger o filho do perigo sem que ele perceba."

O menino que tocava Mambrú foi para a guerra

Querendo incentivar o filhinho para que fizesse progresso no piano, uma mãe o levou a um concerto de Paderewski. Assim que se sentaram, a mãe viu uma amiga na plateia e foi saudá-la. O pequeno, cansado de esperar, levantou-se e começou a correr pelo espaço, até chegar a uma porta na qual se lia "PROIBIDA A ENTRADA". Quando as luzes se apagaram e o concerto estava prestes a começar, a mãe voltou para seu lugar e descobriu que seu filho não estava ali. De repente, as cortinas se abriram e as luzes iluminaram um grande piano Steinway no centro do palco.

Horrorizada, a mãe viu o filho sentado ao teclado inocentemente, tocando as notas de... *Mambrú se fue a la guerra*, canção popular francesa, composta em 1709. Naquele momento, o grande pianista fez sua entrada, rapidamente foi até o piano e sussurrou no ouvido do filho: "Não pare, continue tocando".

Assim, incentivado, Paderewski estendeu a mão esquerda e começou a tocar a parte do baixo. Logo depois, abraçou o menino com o braço direito e fez com ele um belo arranjo. Juntos, o velho pianista e o jovem aprendiz transformaram uma situação embaraçosa em uma situação maravilhosamente criativa.

Para personalizar essas histórias, podemos:

- Repetir o que diz o conto e nos perguntarmos o que ele nos ensina.
- Se repetimos situações assim, de medo ou de angústia.
- Em quem ou em que temos confiado para sair do medo.
- Se na vida temos alguém que se pareça com o pai do menino ou com o pianista...

3. Quando as coisas falham

Como transmitir a experiência de que nem tudo depende de nós, nem sequer dos meios que temos a nosso alcance? A que ou a quem podemos recorrer quando todas as coisas falham? Vejamos a história:

"E eu tinha culpa"

Naquela manhã, acordei cedo. Tinha que fazer muitas coisas, além de chegar logo à escola, que ficava a cinco quilômetros de minha casa, em pleno campo. Todos os dias, ia e vinha com a bicicleta que meu avô tinha me dado de presente dois anos antes, presente de aniversário. Depois da aula, antes de voltar para casa, tinha que passar pela frutaria do Don Anselmo, para levar a fruta e o pão que, todos os dias, o fruteiro reservava para mim. Depois, tinha que passar pela farmácia. A farmacêutica, Dona Elvira, já deixava preparados os remédios do avô, que naqueles dias estava acamado, com febre. O médico não tinha feito uma cara muito boa e meus pais estavam preocupados. Graças a minha bicicleta, consegui chegar em casa na hora de comer. Minha mãe tinha preparado um ótimo cozido de carne com batata, e eu sentia uma baita fome.

À tarde, o avô piorou. Meu pai chamou o médico com urgência, que demorou meia hora, que para nós, em casa, pareceu séculos. Meu avô estava com uma febre muito alta, estava quase delirando. A testa estava queimando e o suor encharcava seu pijama. Por fim, chegou Don Alberto, o médico, que nos conhecia desde sempre. Viu meu avô, tomou seu pulso, auscultou seu coração e fez uma série de anotações. Por fim, chamou meu pai e disse que a situação estava muito ruim. Que era urgente a necessidade de comprar remédio, e que o melhor seria levá-lo o quanto antes ao hospital. Precisava chamar uma ambulância. Mas enquanto isso, eu tive que ir de novo ao centro para buscar remédios. Meu pai me disse que ele mesmo iria buscar, de carro. Mas eu me adiantei e disse que chegaria antes com a bicicleta. Meu pai aceitou e me disse para ir logo, sem esperar.

Então, parti a toda velocidade com a bicicleta. Seguia como um louco, pensando no remédio, no avô e na ambulância. E de repente, o que menos esperava: saiu, como um tiro, o cachorro de Julián, da casa que fica na esquina da rua Real, onde fica a farmácia. O cachorro cruzou meu caminho, se enfiou entre as rodas da bicicleta, e eu caí na calçada. Senti uma dor forte nos joelhos e nas costas. Meu rosto estava sangrando. Mas isso não me importou, nem mesmo o cachorro de Julián, que deu um pulo e nada lhe aconteceu. Mas a bicicleta...! A bicicleta estava parecendo um número oito, toda retorcida, e eu não poderia chegar em casa com ela e com os remédios. Eu me esqueci de tudo. Fui à farmácia, peguei os remédios e voltei correndo para casa, o mais depressa que pude.

Cheguei cansado, ofegante. Meu pai me esperava à porta, desolado. Nem eu nem a ambulância havíamos chegado a tempo. Meu avô havia falecido por culpa do cachorro e de meu azar. Foi algo terrível do qual nunca me esquecerei. Meu avô era tudo para mim, desde sempre. Mas agora já não estava presente, e a culpa era minha!

Cada um deve perguntar a si mesmo se viveu algo parecido com o que ocorreu com o menino da bicicleta, quando nos sentimos frustrados, tristes, incapazes de realizar algo para o qual muito tínhamos nos esforçado...

- Poderíamos resumir, em poucas palavras, o que sentimos? Poderíamos descrever?

Trata-se de uma experiência feita em grupo, os papéis de todos vão sendo colocados sobre uma mesa e cada um deverá pegar o seu, aleatoriamente, convidando as crianças a contarem suas experiências.

Podemos ter meios, como a bicicleta, os remédios, a ambulância, o computador... Mas...

- Essas coisas sempre são eficazes?
- Existem circunstâncias, fatos imprevistos que não conseguimos controlar? E então...?
- Tudo, inclusive, depende de nós? Há algo mais?
- Quando você não tem aquilo que quer ou de que precisa, em que ou em quem você pode se apoiar?

Ao final de todos esses momentos que vamos vivendo, de novo nos encontramos com um "relato" aparentemente inacabado. Recordamos: não se trata de "um encontro" de catequese, mas sim de um processo pessoal que o animador ou catequista não pode manipular nem forçar. A conclusão é algo pessoal, a que só um pode chegar, deixando que cada criança siga seu próprio caminho que chegará – ou não – a descobrir a experiência da transcendência. **"Não é só isso..."**

OFICINA

3

NO FUNDO DE SUAS EXPERIÊNCIAS

Temos repetido, muitas vezes, que o Transcendente é inerente à nossa realidade, da qual é raiz e base; que Deus participa de nossa vida e de modo especial de nossas grandes experiências humanas.

A experiência de Deus, segundo Raimundo Panikkar, é a raiz de toda experiência, é a experiência profunda de todas as experiências humanas: do amigo, da palavra, da comunicação.

- É a experiência subjacente a toda experiência humana: dor, beleza, prazer, bondade, angústia, frio…
- Subjacente a toda experiência, pois nos mostra uma dimensão de infinito de não infinito, de inacabado.
- Subjacente a toda experiência e, portanto, não susceptível de ser completamente expressada em nenhuma ideia, sensação ou sentimento.

Essa afirmação se transforma em uma pergunta: O que é que realmente existe?

O que planejamos na oficina é fazer essa pergunta. Nós a propomos fazê-la porque nós dizemos que assim podemos nos encontrar com Deus. Afirmamos que sim, mas temos que mergulhar nessas experiências até descobrir suas pistas, reconhecer seu caminho, encontrar sua presença; por mais que nos encontremos nelas, é preciso fazer progresso para encontrá-lo. Isso seria o exercício da oficina ao qual chamamos de "No fundo de suas experiências".

Essas experiências não são abstratas; temos que dar nomes a elas. Isso obriga a apresentação desta terceira oficina a se ampliar muito. De modo concreto, essas experiências são:

1. O AMOR
2. O VOCÊ
3. A ALEGRIA
4. O PERDÃO

3.1 A EXPERIÊNCIA DO AMOR

De modo unânime, todas as culturas e religiões valorizam, de modo especial, o amor como a grande experiência; nela podemos nos encontrar com Deus porque Ele é amor e quem encontra o Amor, encontra Deus. Além disso, para nós, "quem não ama não conhece a Deus".

A dificuldade começa quando, para evitar confusões, colocamos o AMOR em letras maiúsculas. E começamos a fazer distinções no amor: o *eros* e o *ágape*, o *amor de posse* e o amor de entrega, a *lascívia* e a *caridade*... Mas além de todas as distinções, o amor é uma parte importante de nossas entranhas.

Não poderíamos viver sem amor, sem amar e ser amados. Inclusive, já que Deus é amor, não poderíamos desejá-lo, aspiração em relação ao divino, se "este" – o amor – nos fosse absolutamente alheio, desconhecido ou estranho. São Tomás nos recorda explicitamente que todos os seres, enquanto querem algo, desejam, aspiram a Deus. Mas o amor é um só, não existe dualismo no amor – amor humano, amor divino –, nem muitos nomes diferentes, por mais que devamos distinguir, neles, suas diferentes expressões e manifestações.

Mais ainda: "*ubi caritas et amor, Deus ibi estudar*" ("onde existem caridade e amor, Deus está"), dizia um canto paralitúrgico cristão. Dessa unidade do amor – Deus e caridade – inferimos que dificilmente se pode experimentar o amor de Deus se o amor humano for desconhecido. Da mesma maneira, um amor divino que não se encarne no amor ao próximo é pura mentira. No fundo, dificilmente é possível perseverar o amor humano se não for descoberto nele um certo "alento divino", que Platão chamava de *daimon*, um pequeno deus, um gênio interior, o "eros".

Na realidade, tudo é "amor"… Para Ernesto Cardenal, poeta nicaraguense, toda a evolução, desde a matéria até o espírito, é a história de um amor que já está inserido como cola e energia interior em tudo o que existe: desde os elementos mais simples da matéria até a aparição da vida e as criações do espírito e da convivência humana na história…

Muitas reflexões poderão ser realizadas sobre o amor. A música é um recurso que pode contribuir na realização da oficina. Uma das músicas que sugerimos é: Tudo é Amor(Gan). Disponível no youtube: https://www.youtube.com/watch?v=3rx2Sdooqek

A oficina

Assim como nas outras oficinas é preciso fazer um processo ao longo do tempo. Nelas também dissemos que não se trata de uma atividade de um dia, mas de várias atividades distribuídas ao longo do tempo, misturadas com outras atividades, reuniões e momentos, que, no entanto, marcam um processo pessoal e de grupo que deve ser acompanhado, medido, programado… pela equipe de animadores ou catequistas.

Pode ser envolvido com outras vivencias pertinentes a outros aspectos que buscam nos aproximar da experiência de Deus: o silêncio, o perdão, dentre outros temas. Também não se trata de descobrir diretamente a Deus, mas de fazer um caminho no qual cada um chegará até onde puder. É imprevisível.

A palavra "amor" é perigosa. Hoje em dia, mais do que nunca. Depois de séculos de cultura puritana, a segunda metade do século XX foi o tempo da grande "libertação" dos tabus. Até, diríamos, perder o respeito ao amor… e confundir amor com genitalidade, deixando o amor à altura da epiderme em um século cada vez mais permissivo.

Não há dúvida de que essa "libertação" do amor, do erotismo e da sexualidade tem nos trazido muitos benefícios. Graças a Deus, o amor, o erotismo e a sexualidade não são mais um tabu, o que permite uma maior possibilidade de crescimento na maturidade.

Em nossa "oficina" não vamos nos referir apenas à sexualidade, mas à capacidade de amar e ser amado, à experiência do amor em seu sentido mais amplo.

OFICINA 3 | NO FUNDO DE SUAS EXPERIÊNCIAS

1. Jovens, adultos e idosos

O Diário do amor

Observação importante: O itinerário é válido para as três idades que indicamos. Mas para os idosos não é preciso fazer o "Diário do amor".

Os jovens ou adultos podem ir confeccionando um **Diário do amor**:

- Preparam para isso um caderno que possam decorar, encapar, dar título.
- Nesse diário, escrever ao longo do tempo tudo o que for descobrindo sobre o amor em todos os seus aspectos ou manifestações por meio das experiências que vão fazendo.
- Propõe-se escrever, mas também contribuir com material gráfico, insistindo na importância da "legenda da imagem".

① ITINERÁRIO PEDAGÓGICO

PRIMEIRO MOMENTO: O AMOR VISTO DE FORA

A maioria das canções compostas falam do amor. Elas podem nos ajudar para que nos aproximemos a uma primeira "definição" do que é o amor.

As discussões, os debates e as projeções podem nos ajudar, não apenas a conseguir uma definição "asséptica" do amor, mas também a enriquecê-la com as experiências de todos: uma espécie de "caleidoscópio" do amor que nos faz ver que o amor é uma realidade muito complexa e poliédrica e que não tem por que ser contraditória, mas, sim, complementar e muito rica.

SEGUNDO MOMENTO: COMO EU AMO?

Enfrentamos a realidade de nosso modo de amar outra ou outras pessoas (cônjuge, amigos ou amigas, entre outros) e a capacidade de amar inclusive em situações que oferecem dificuldade como situações de dor ou de doença.

Cada um deve perguntar a si mesmo se seu modo de amar é mesmo maduro (desapegado de si mesmo) ou imaturo (centrado em si), alcançando, assim, um tipo de síntese na qual cada um pode medir seu modo pessoal de amar.

TERCEIRO MOMENTO: COMO O AMOR TEM ACONTECIDO COMIGO?

Por que amo como amo? Quais experiências de amor temos tido em nossa vida, como tem sido tudo o que até agora vivi? Minhas experiências de amor no dia a dia (marcada pelos objetos que formam meu ambiente físico como lugar onde se estabelecem relações de amor), e as experiências – agradáveis ou dolorosas – que tenho vivido.

O melhor modo de fazer isso é não apenas evocar essas experiências, mas sim, expressá-las, dizê-las, dar nome a elas já que a oficina não pode provocar experiências de amor, mas, em todo caso, reviver ou atualizar as que já foram vividas e poder comunicá-las a alguém para poder expressá-las.

QUARTO MOMENTO: O AMOR PLENO É POSSÍVEL?

Precisamos chegar a uma experiência de amor total. É possível esse amor, tanto na teoria como na realidade de nossa vida?

São Paulo, por exemplo, na primeira carta aos Coríntios, apresenta um ideal do amor. Teilhard de Chardin apresenta a possibilidade de viver um amor "universal". Ambos são apresentações ideais, talvez utópicas, que nos obrigam a perguntar a nós mesmos se é possível esse modo de amar; mais ainda, se é possível para mim de modo concreto.

De qualquer modo, há pessoas que conseguiram fazer isso, se não de modo total, em parte. São experiências de amor que refletem também nas canções: o amor vivido a partir da fragilidade de duas pessoas com necessidades especiais (Victor Manuel), apresenta o amor vivido a partir da experiência do compromisso sociopolítico (Mario Benedetti).

Poderíamos visitar e dialogar com pessoas que vivem uma experiência forte de amor como entrega gratuita aos outros e nos perguntarmos sobre a motivação que elas têm para viver desse modo.

O que é, afinal, o amor? **É algo que eu vivo ou é algo que vive mim?**

QUINTO MOMENTO: RUMO À TRANSCENDÊNCIA

É possível viver sem ser amado? As experiências anteriores podem fazer com que façamos esta pergunta: se é possível amar sem ter sido amado. E inclusive, ainda mais: se é possível simplesmente viver (ou viver de modo sadio) sem sermos amados.

O filme *A felicidade não se compra*, de Frank Capra, entre outros, por exemplo, nos oferece uma valiosa reflexão sobre a gratuidade da vida e sobre a necessidade de amarmos e sermos amados. A vida de cada um de nós é um presente.

Quem me deu a vida e por quê?

Por que nasci?

Vale a pena viver? Por quê?

② DESENVOLVIMENTO DA OFICINA

PRIMEIRO MOMENTO: O AMOR VISTO DE FORA

1. O que algumas pessoas dizem sobre o amor

A maior parte das músicas compostas falam de amor, de desamor… Muitos compositores escreveram lindas canções de amor e nelas expressam de modo muito espacial o que é o amor. E, dentro do mundo religioso também encontramos canções que falam do amor. Podemos dizer que nelas fala-se do amor em um mesmo sentido?

Para explorar o que se diz nas músicas sobre o amor propomos localizar na internet algumas delas conhecidas dos participantes das oficinas, tanto populares quanto religiosas. O animador poderá apresentá-las tanto impressas como exibir os vídeos para os participantes. Algumas sugestões, disponíveis na internet:

- Amor Maior (Jota Quest)
- Eu sei que vou te amar (Tom Jobim)
- Como é grande o meu amor por você (Roberto Carlos)
- Velha infância (Tribalistas)
- Pra você guardei o amor (Nando Reis e Ana Cañas)
- Oração pela família (Pe. Zezinho, Scj)
- Tudo é do Pai (Pe. Fábio de Melo)
- Humano amor de Deus (Adriana Arydes e Pe. Fábio de Melo)

O que é o amor para cada um deles? Se nos apropriarmos das letras dessas músicas para uma atividade de grupo, é possível fazer alguma dinâmica dividindo os participantes em subgrupos e colocar em comum as percepções com ajuda de um quadro de giz ou *flip chart* de modo que seja possível chegar a uma espécie de síntese sobre o que é o amor.

Há muitas ocasiões para comentar as canções que foram escritas e que continuam sendo escritas sobre o amor. Isso pode ser um primeiro momento de contato com a experiência, partindo do mais superficial. O que os outros dizem a respeito do amor?

Trata-se simplesmente de deixar de andar "esquentando motores" e portanto não devemos nos preocupar que falem mais de teorias do que de realidades ou de experiências. Estas já estão vindo.

2. Diário do amor

Em algum momento é possível propor a realização do Diário do amor, insistindo que se trata de fazer um "diário íntimo", não algo necessariamente para compartilhar.

Diário do amor

Página 1

Comentário sobre as letras destas músicas:

- Relacionar o título das música e desenvolver seus comentários.

3. Debate sobre o amor

Às vezes, um debate nos ajuda a esclarecer muitas coisas. Nele, o que pode vir à tona são as experiências pessoais. Pode ser um debate "projetivo". O animador, nesses casos, deve ir tomando nota da projeção que cada pessoa faz de suas próprias experiências para retomá-lo em algum outro momento de acompanhamento pessoal e refletir com cada um ou cada uma sobre os sentimentos que surgiram.

- A título de exemplo, temos um grupo que se divide em dois, para defender ou repudiar as afirmativas das frases propostas.
- Cada subgrupo se coloca frente a frente, de pé, em uma sala, suficientemente separados, mas não muito longe.
- Um grupo é partidário do SIM e deve defender a frase proposta com argumentos. O outro grupo é partidário do NÃO, e deve repudiar, negar, a ideia proposta na frase.
- Aos dois grupos se propõe uma frase, suficientemente ambígua para que sejam possíveis ambas as posturas, do SIM e do NÃO.
- À medida que se desenvolve o debate é possível que alguém do grupo seja convencido sobre as razões do outro grupo, e nesse caso, passa para o lado deles.
- O debate pode terminar de várias maneiras: porque um dos grupos conseguiu convencer todos os membros do grupo contrário, ou quando tiver passado um tempo que tenha sido combinado. Não há ganhadores nem perdedores.

Frases possíveis:

O amor pode tudo.
Amar significa não ter que dizer "Sinto muito".
Na alegria e na tristeza.
Ama e faça o que quiser...

Conclusões possíveis:

- O amor, para ser verdadeiro, tem que ser realista. Não é amor verdadeiro o sentimento romântico puro, o sentimentalismo, a pura emotividade...
- O amor verdadeiro tem que levar ao compromisso.
- O amor verdadeiro não é narcisista nem egocêntrico...
- Outras.

> ## Diário do amor
>
> Página 2
>
> As conclusões pessoais.

SEGUNDO MOMENTO: COMO EU AMO?

Cada um deve perguntar a si:

- Como eu amo? Como é minha maneira de amar?
- O amor é algo que deve amadurecer. Meu modo de amar já é um amor maduro?

1. Como é minha maneira de amar

Responder às perguntas do teste...

1. As moedas...
a. Fazem tilim...
b. Têm pouco valor.
c. São apenas metal.

2. Quando escuta alguém pensa...
a. Que não diz a verdade.
b. Que você fala melhor.
c. No que está dizendo.

3. Um papel...
a. É para escrever.
b. É um presente.
c. É para reciclar.

4. Como acaba seu SMS?
a. Digo "tchau".
b. Digo "adoro você".
c. "Te respondo já, já."

OFICINA 3 | NO FUNDO DE SUAS EXPERIÊNCIAS

5. A é de...

a. Amizade.

b. Amor.

c. Afeto.

6. Quantos beijos você dá por dia (mais ou menos)?

a. Menos de 5.

b. Mais de 10.

c. Mais de 20.

7. Arrepio de...

a. Frio.

b. Medo.

c. Emoção.

8. Uma caixinha que...

a. Está fechada.

b. Esconde segredos.

c. Guarda joias.

9. Uma semente é...

a. Uma planta que está nascendo.

b. Uma planta que morre.

c. Um momento passageiro.

SOLUÇÕES

	1	2	3	4	5	6	7	8	9
A	3	1	1	2	1	1	2	1	3
B	1	2	2	3	3	3	1	2	1
C	2	3	3	1	2	2	3	3	2

De 9 a 14 pontos: AMOR DESCONHECIDO

Ainda não descobriu nem pode cultivar o amor mais profundo. Ainda está centrado em si mesmo e em suas necessidades. Acredita que é o centro do universo e por isso a única coisa que deseja é receber amor, afeto, ternura. Não importa a você se o amor é ou não sincero, intenso, verdadeiro e fica difícil corresponder. Em resumo, você se contenta com migalhas...

De 15 a 21 pontos: EM BUSCA DO AMOR

Abra seu coração para ser amável e para amar não apenas a pessoa que para você é especial, mas a todas que encontrar; às vezes, no entanto, tome cuidado para não confundir o amor cheio de ternura, delicadeza e atenção em relação ao outro com o amor ou o afeto mais fugaz, menos enraizado no coração, que possa te deixar com gosto amargo por durar pouco e não ser sincero. Liberte seu coração para amar de verdade.

De 22 a 27 pontos: AS PORTAS DO CORAÇÃO

Tem descoberto que o compartilhar, o afeto fraterno, a participação... são a verdadeira fonte da alegria. Não se contenta com ouvir falar de amor, mas quer vivê-lo e deixar abertas as portas do coração. Há muito a trabalhar até conseguir ser amável, até estar envolvido com o verdadeiro amor e ser capaz de compartilhar os sofrimentos e as alegrias do outro, mas o fruto que se consegue alcançar vale a pena, pois é pago juros e totalmente.

- Cada um se sente identificado com o significado da pontuação obtida?
- Quando o amor é "verdadeiro"?
- Meu modo de amar é um amor "maduro"?
- Conclusões...

Diário do amor

Página 3

Minhas conclusões do teste.

2. Um amor concreto

O amor é demonstrado amando. Como funciona minha "capacidade de amar" diante de algumas circunstâncias concretas. Outro teste:

1. A selva amazônica é...
a. Inóspita e perigosa.
b. Cheia de água e de vida.
c. Verde e fascinante.

2. Cecília Meireles
a. Tinha muitos sonhos.
b. Foi uma escritora de poesias.
c. Escreveu *Ou Isto ou Aquilo* .

3. Que dia da semana é mais insuportável?
a. Domingo.
b. Segunda-feira.
c. Sexta-feira.

4. Um animal com espinhos.
a. Um ouriço.
b. O pernilongo.
c. O touro.

5. O aplauso é...
a. Estrondoso.
b. Caloroso.
c. Determinante.

6. Quais destes quadros te deixa sem palavras?
a. *Arlequim*, de Picasso.
b. *La Gioconda*, de Leonardo da Vinci.
c. *Os girassóis*, de Van Gogh.

7. Quando fica sozinho
a. Sente medo.
b. Fica tranquilo.
c. Não sabe o que fazer.

8. Andar:
a. Sair.
b. Continuar.
c. Encontrar.

9. Já tentou contar as estrelas?
a. Nunca pensei nisso.
b. Não, é uma perda de tempo.
c. Sim, para fazer uma prova.

SOLUÇÕES

	1	2	3	4	5	6	7	8	9
A	1	3	1	3	1	3	1	1	2
B	2	1	3	2	3	3	3	2	1
C	3	2	2	1	2	3	2	3	3

De 11 a 16 pontos: UM ENCONTRO COM UM ALIENÍGENA

A dor e o sofrimento não são meus. Estar perto de quem sofre se torna inaceitável. Compartilhar a vida diária com quem está enfermo do corpo ou da alma é como ter um encontro próximo com um alienígena. *Ainda não está preparado* para "sentir" todo o bem que pode fazer um pouco de você e de seu tempo a quem tem que seguir com a vida por um caminho tortuoso.

De 17 a 22 pontos: "ESTAR COM" OUTRO

Procura se aproximar de quem vive no sofrimento algumas vezes com curiosidade e outras com resignação. É como se vivesse uma situação embaraçosa porque *para você não é fácil* compreender a importância de sua atitude. Pensa, de fato, como se um enfermo desejasse apenas a saúde: tem que ampliar sua visão, o fato de "estar com" ele permite que você se sinta aliviado.

DE 23 a 27 PONTOS: A PERGUNTA EXATA

A pergunta que deve fazer a si mesmo é: "E se eu estivesse em seu lugar?" A resposta que dá explica o que faz. Sentir que uma pessoa se ocupa e se preocupa com outro ser humano, saber que há alguém que também compartilha a dificuldade e o sofrimento é *a virada do dia a dia* que dá força à esperança e enche sua vida de amor.

- Qual foi minha reação ao ler o resultado desse teste sobre esse "amor concreto"?
- Tem relação com o teste anterior?

Diário do amor

PÁGINA 4

O que me acrescentou o debate anteriormente realizado (página 2) a meu "modo de amar" (ao teste que fiz sobre a minha maneira de amar?).

TERCEIRO MOMENTO: COMO O AMOR TEM ACONTECIDO COMIGO?

1. As coisas de casa...

Não podem ser realizadas experiências de amor, porque o amor não pode ser programado: essas experiências simplesmente "acontecem" de modo geralmente imprevisível, e a única coisa que pode ser feita é refletir sobre elas posteriormente.

O silêncio no repouso, a leitura de um poema, pode nos ajudar a reviver essas experiências.

Um poema:

Sempre a casa

A casa é o corpo
Receptivo de um amante
A casa é o porto e o barco
No qual viajamos toda noite
À ilha dos mortos.

A casa tem falhas, cicatrizes, acidentes do tempo,
Rugas prematuras.

Mas a casa também é jovem,
Com túnica branca,
Sapatos de verão,
Tem uma tiara de enfeites e de flores
Com bambus que farfalham.

Em seu ventre tudo acontece
As brincadeiras, o piano, as palavras,
Os risos, os miados,
O silêncio azul e inquieto
Das noites de luar.

A casa:
caixa de palavras
e de beijos.

- Quais objetos de minha casa me fazem lembrar momentos de amor e de desamor?
- Quais sentimentos me causam esse ou esses objetos? Por quê?
- Que sentido eles têm para a minha vida?

OFICINA 3 | NO FUNDO DE SUAS EXPERIÊNCIAS

Uma música

- Ajuda a refletir a música *A casa é sua* – Arnaldo Antunes. Disponível no youtube (https://www.youtube.com/watch?v=82aj1Bg8FpA)

> **Diário do amor**
> Página 5
> Reflexões pessoais
> Sobre "as coisas de casa".

À medida que se entra em um território de experiências pessoais, é preciso favorecer ao máximo a interiorização da experiência e, se possível, assim como em outros momentos anteriores, é muito importante o acompanhamento pessoal.

2. Histórias de amor e desamor

Aproveitar momentos de intimidade e confiança para falar dessas experiências de amor ou de desamor pelas quais passamos.

> **Diário do amor**
> Página 6
> O que mais me causou impacto.

3. O amor é...

Como me expresso quando escrevo a alguém de quem gosto de verdade?

> **Diário do amor**
> Página 7
> Uma carta?

QUARTO MOMENTO: O AMOR PLENO É POSSÍVEL?

1. Um canto ao amor

É muito conhecido o texto de São Paulo sobre o amor. Um dos textos mais importantes sobre ele que são lidos em muitas cerimônias e, infelizmente, ouvidos com indiferença... Já o lemos devagar alguma vez?

Acima de tudo o amor

Se eu falar as línguas de homens e anjos, mas não tiver amor, sou como bronze que soa ou tímpano que retine. E se eu possuir o dom da profecia, conhecer todos os mistérios e toda a ciência e tiver tanta fé que chegue a transportar montanhas, mas não tiver amor, nada sou. E se eu repartir todos os meus bens entre os pobres e entregar meu corpo ao fogo, mas não tiver amor, nada disso me aproveita.

O amor é paciente, o amor é benigno não é invejoso; o amor não é orgulhoso, não se envaidece; não é descortês, não é interesseiro, não se irrita, não guarda rancor; não se alegra com a injustiça, mas regozija-se com a verdade; tudo desculpa, tudo crê, tudo espera, tudo suporta.

O amor jamais acaba; as profecias terão fim; as línguas emudecerão; a ciência terminará.

(1Cor 13,1-8)

- O que tem a ver esse modo de falar do amor com as experiências do amor ou desamor que já tive ou tenho?

São coisas que precisam ser refletidas lentamente, de uma maneira muito pessoal, em silêncio... São momentos importantes de acompanhamento.

- É possível esse amor? Ou é puro idealismo?
- Há alguém que consegue amar assim?
- Gostaria de amar assim?

OFICINA 3 | NO FUNDO DE SUAS EXPERIÊNCIAS

Diário do amor

Página 8
Minhas experiências de amor.
Amor verdadeiro?

2. Até onde você é capaz de amar?

O amor universal

"Imaginamos às vezes ter esgotado as diversas formas naturais do querer com o amor do homem por sua mulher, por seus filhos, por seus amigos e, até certo ponto, por seu país. Agora, veja: exatamente nessa lista não temos a forma de paixão mais fundamental: **o amor universal**; não algo psicologicamente possível, mas mais ainda, a única forma completa e última com que podemos amar."

Pierre Teilhard de Chardin, jesuíta paleontólogo

- É possível um "amor universal"?
- O que pode "levar" as pessoas a amar dessa maneira?

3. Amores plenos

Sólo pienso en ti, música de Victor Manuel, é baseada na história de duas pessoas com deficiências intelectivas que levaram seu amor ao casamento, apesar de todos os obstáculos legais e sociais. A história que inspirou a música gerou um documentário – *Pense em você*, produzido por Judith Colell, disponível na internet no site:

- http://www.rtve.es/alacarta/videos/telediario/documental-redescubre-historia-inspiro-solo-pienso-victor-manuel/974847/

A letra da música e sua tradução pode ser encontrada no site letras.mus. br acesso:

- https://www.letras.mus.br/victor-manuelle/499798/traducao.html

O clipe da música está disponível no youtube: https://www.youtube.com/watch?v=zefiRO3dZuU

Somos muito mais do que dois (Mario Benedetti)[12]

Se te quero é porque tu és
Meu amor, meu cúmplice e tudo
E na rua lado a lado
Somos muito mais que dois,
Somos muito mais que dois.

Tuas mãos são minha carícia,
Meus acordes cotidianos.
Te quero porque tuas mãos
Trabalham pela justiça.

Teus olhos são meu conjuro
Contra a má jornada.
Te quero por teu olhar
Que olha e semeia justiça.

Tua boca que é tua e minha,
Tua boca não se engana.

Te quero porque tua boca
Sabe gritar rebeldia.

E por teu rosto sincero
E teu passo vagabundo
E teu choro pelo mundo
Porque és povo, te quero.

E porque o amor não é auréola
Nem cândida moral
E porque somos casal
Que sabe que não está sozinho.

Te quero em meu paraíso,
E dizer que em meu país
As pessoas vivem felizes
Mesmo não tendo permissão.

- Já vivi isso alguma vez? Em mim? Em outras pessoas?
- Como gostariam que me amassem?
- É possível?
- Há alguém que me ame assim? Qual é minha experiência?
- O que é, então, o amor? É algo que eu vivo ou é algo que "me vive"?

Diário do amor

Página 9

É possível um amor total?

---

12 Nacha Guevara, *Nacha Guevara canta a Benedetti* (1975). Site: www.e-sm.net/ted13

4. Sair na rua...

Há pessoas concretas que realizam verdadeiros atos de amor, gratuitos e permanentes trabalhando em centros dedicados a pessoas em situações de extrema dificuldade.

Podemos visitar algumas delas e falar com alguns dos trabalhadores ou voluntários: como trabalham, por quê etc.

Também podemos fazer uma "mesa redonda" com esse tipo de pessoas: voluntários em prisões, com imigrantes, com pessoas sem teto. Por que fazem isso? É amor?

Uma reflexão pessoal:

- Tive alguma experiência de dedicação a essas pessoas?
- Até onde sou capaz de amar?
- De onde nasce o amor?

···················· **Diário do amor** ····················

Página 10

Experiências com gente comprometida.

QUINTO MOMENTO: RUMO À TRANSCENDÊNCIA

1. É possível amar ou viver sem ter sido amado?

Com certa frequência falamos dos "meninos lobos": a experiência de crianças que cresceram na mata, à margem de todo contato com seres humanos.

- Em alguns casos, algum animal pode ter servido de "mãe" desses meninos, e seu crescimento tenha se desenvolvido de alguma maneira que os tornou capazes de recuperar a comunicação humana e, portanto, sua mesma humanidade. Protótipo dessas crianças é o filme *O Garoto Selvagem, de François Truffaut*.
- Em outros casos, sem contato nem sequer animal, sua recuperação parece quase impossível. Também existe outro filme – *O Enigma de Kaspar Hauser, de Werner Herzog* – como exemplo deste último caso.

2. Um contraponto: Síntese de um filme

A felicidade não se compra (Frank Capra. Estados Unidos, 1946)

O filme começa um dia antes da véspera de Natal, quando São José envia um anjo de segunda ordem para que vá ver George Bailey, que está prestes a se suicidar. O anjo se atira à água e o salva. Enquanto sua roupa seca, o anjo consola George, desesperado, que diz que sua vida não tem valido a pena.

Toda sua vida tem sido dedicada a um banco, com o qual tem ajudado muitas pessoas. Mas o poderoso senhor Potter, que tem outro banco e deseja se apoderar do banco de George, aproveita a ocasião na qual o ajudante de George perdeu uma grande quantia, para oferecer a George ficar com seu banco.

George se recusa e Potter se aproveita da situação para acabar com ele. É então que, apesar de ser véspera de Natal e de sua mulher e seus filhos estarem em casa à espera dele, decide jogar-se no rio.

O anjo, ao ouvir essa história, conta a George como teria sido sua vida se ele não tivesse nascido. George, ao percorrer as ruas de sua cidade e ver as pessoas como teria sido sem ele, descobre que, apesar de seus problemas, a vida dele vale a pena, e decide voltar para casa cheio de alegria de viver.

Ao chegar ao banco, as pessoas do bairro fizeram uma transferência voluntária para salvá-lo, a mesma coisa com seu irmão, que retorna da guerra como um herói. George, com a ajuda de todos, salva o banco, a vida das pessoas e a de sua mulher e de seus filhos e, desse modo, vence também a avareza de Potter.

- Como seria minha vida e a vida ao meu redor (social, familiar, de cidadão etc.) se não tivesse nascido?
- O que faltaria, então?
- E com o fato de estar vivo, o que acrescentaria?

A vida, como um presente de amor:

- Quem me amou o suficiente para me dar a vida?
- Pode agradecer a alguém pelo presente de sua vida?
- Como faria isso?
- Para você, o que é o amor agora?

Diário do amor

Página 11

Experiência com pessoas comprometidas.

Diário do amor

Página 12

Depois de todo esse "processo", quais sentimentos são provocados em mim a partir de tudo o que vivi, experimentei e descobri?

Lembrete: O animador precisa levar em conta tudo o que for descoberto ao longo do processo para destacar tudo o que considere mais importante...

3. Um tempo para a interioridade

A título de exemplo, oferecemos um exercício de interiorização. Escolhemos o texto de Anthony de Mello, *El Manantial*. Santander: Sal Terrae, 1984, p. 212-214.

A reunião

Imagino que se me conceder
o dia todo de hoje
para passar em solidão no topo
de uma montanha…
E observo qual é minha re-
ação diante dele…
A solidão é companhia:
É a solidão
Onde estou em companhia
Comigo mesmo,
Com toda a criação
E com o Ser.
Fora da solidão, me encon-
tro disperso e fragmentado.

Assim, então, no alto
da montanha
Começo por mim:
Me faço carinhosamente
Consciente de meu corpo:
De sua postura…
De sua situação de bem-estar
Ou de incômodo…,
De seu real "estado de ânimo"…

Minha consciência se prende
Em cada parte de mim;
Em cada membro…,
Em cada sentido…,
Em cada órgão…,
Em minha respiração…,
No funcionamento de
meus pulmões…,
De meu coração…, meu san-
gue…, meu cérebro…,
E em todas as demais funções:
Ver… ouvir… gostar…
cheirar… tocar…

Pensar… querer…
recordar… sentir…

Antes de descer da montanha,
Analiso toda a criação
E a introduzo em meu coração:
Amo os pássaros e os animais…
As árvores…, o sol…,
O ar…, as nuvens…, a erva…,
As montanhas…, os
rios…, os mares…,
E a terra… e as estrelas…
E o universo…
Amo a casa em que vivo…
E os móveis que uso…
A cozinha… e o fogo…
e a comida…
Amo a água refrescante
Que vou beber
E jogo sobre meu rosto…
Amo o trânsito distante…
Os caminhões… os campos…
As fábricas…
Os lares… os teatros,
As lojas e os restaurantes…

Amo as pessoas com quem
Hoje estarei
E aperto cada uma delas
Contra meu coração…,
E eu amo todas as pessoas
De todas as partes,
De cada canto do planeta…
E as pessoas do passado…
E as dos séculos vindouros…
Porque, na solidão,
Adquiro a consciência
E a profundidade necessárias
Para isso.

Conclusão

Não há. Trata-se de um processo no qual o acompanhamento é fundamental, para ir avançando na experiência do amor, vendo além da experiência do amor de um casal. O amor é algo muito mais amplo, e envolve a vida inteira...

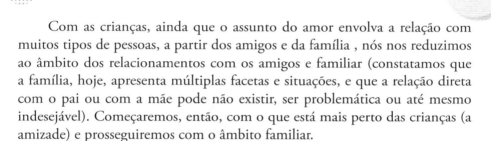

2. Crianças

Com as crianças, ainda que o assunto do amor envolva a relação com muitos tipos de pessoas, a partir dos amigos e da família, nós nos reduzimos ao âmbito dos relacionamentos com os amigos e familiar (constatamos que a família, hoje, apresenta múltiplas facetas e situações, e que a relação direta com o pai ou com a mãe pode não existir, ser problemática ou até mesmo indesejável). Começaremos, então, com o que está mais perto das crianças (a amizade) e prosseguiremos com o âmbito familiar.

Cada dia escrevem suas anotações em um caderno...

Uma vez mais, indicamos que a oficina – como em todos os casos – não consiste em fazer uma série de atividades catequéticas programadas para ocorrer em um ou dois encontros, mas sim em atividades que os animadores devem ir propondo ou acompanhando. Nas experiências que oferecemos certamente existe uma ordem lógica, mas a vida é muito mais ilógica e imprevisível...

O acompanhamento personalizado pode ajudar cada criança a seguir dando passos a partir da amizade até o amigo que nunca falha, Jesus de Nazaré.

No caso das crianças, dividimos a oficina em duas partes:

1. OS AMIGOS
2. A FAMÍLIA

1. OS AMIGOS

① ITINERÁRIO PEDAGÓGICO

PRIMEIRO MOMENTO: A VERDADEIRA AMIZADE

Partimos do que e como é a amizade. Um conto pode ser, como sempre, o fio condutor do tema e de seus personagens. Nesse caso, trabalhamos com *A minhoca e o besouro*: o que é a amizade, os inimigos da amizade, as características de um verdadeiro amigo entre outros aspectos.

- As crianças podem contar algumas experiências que tenham vivido sobre a amizade.
- As encenações também são um elemento pedagógico muito adequado para as crianças, que pode ser usado. Ao encenarem suas próprias histórias, não apenas evocam as recordações, mas também as revivem.
- Pode ser criado um "troféu" à amizade para premiar as histórias nas quais se reflitam os elementos da verdadeira amizade e seus valores.

SEGUNDO MOMENTO: SOU UM AMIGO DE VERDADE?

Passamos à personalização. Ajudada pelo animador ou catequista, a criança pode contrastar o ideal da amizade com um "exame" sobre as atividades que tem como amigo. O texto de São Paulo, em 1Cor 13,1-8, mesmo "traduzido" em uma linguagem mais infantil e mais próxima das crianças, precisa de uma certa explicação que ajude-as a melhor compreendê-lo.

É difícil conseguir esse ideal. Trata-se de que a criança o torne seu e se pergunte como é sua relação com os amigos, se ela é um amigo de verdade, quais atitudes tem e quais ainda não conseguiu.

E a amizade é uma aventura em si, muito bonita, mas nada fácil. A amizade é exigente. Mas vale a pena tentar? Por quê? Ao explicar esse porquê, nos aproximamos do momento no qual o outro adquire importância sobre si mesmo e se despertam as atitudes altruístas, o valor da gratidão, o amor ao outro pelo outro, não por si mesmo. A amizade é o contrário do egoísmo.

TERCEIRO MOMENTO: OS AMIGOS NOS AJUDAM A CRESCER

Inácio de Loyola diz que "O amor consiste na comunicação das duas partes, isto é, quem ama dá e comunica o que tem ou pode à pessoa amada e reciprocamente, o mesmo faz quem é amado a quem ama" (EE 231).

- Podemos constatar isso de alguma maneira?

As crianças podem ir compreendendo como o amor nos ajuda a crescer, o que a amizade nos dá e como nós podemos ajudar os outros a crescer.

- Onde me localizo como amigo?

Nem todos são igualmente amigos e um não é amigo da mesma forma dos outros. Isso tem alguns porquês que podem ser assunto, para o animador ou catequista entender a maturidade de suas amizades e ajudá-los a perceberem que a amizade não pode se referir ao relacionamento que os outros têm consigo mesmo, mas ao que se tem com os outros. São relações de reciprocidade. A amizade não consiste apenas em receber, mas em dar.

- Por isso a criança pode se perguntar em que os amigos a ajudaram a "crescer", ou seja, que coisas "boas" me apresentam os amigos e como têm me ajudado quando preciso?
- Poderíamos, inclusive, compartilhar com o grupo?

Mas isso não pode "se programar". É algo que sai espontâneo e sai sem querer quando menos se espera. Aos animadores só resta poder estar atentos a essas ocasiões, ou tentar favorecê-las. É preciso que as crianças se deem conta do que os amigos apresentaram, os bons, claro; caso contrário, é o momento de constatar e distinguir amigos que me ajudam a crescer e amigos que fazem o contrário. E, do mesmo modo, as crianças podem se dar conta do que elas promovem a seus amigos. É a reciprocidade da amizade.

Caberia perguntar se somente existe amizade quando nos dão algo ou quando damos. E quando somos amigos "porque sim", por que somos amigos?

Queremos também compreender que os amigos não são "perfeitos", mas que não é por isso que é preciso romper a amizade e que sempre precisamos uns dos outros: sem os outros, não podemos viver, não podemos crescer (*Quando os amigos falham*).

QUARTO MOMENTO: RUMO À TRANSCENDÊNCIA

Dar aos outros algo nosso não é algo que termine em amizade. As outras pessoas, por mais que as conheçamos, também precisam de nós. Além disso, às vezes, quando fazemos algo por alguém a quem não conhecíamos, é quando nasce uma amizade inesperada.

É muito possível que, ao longo do tempo, no contato com as crianças, os animadores sejam testemunhas de situações inesperadas diante das quais precisam saber reagir a tempo para ajudar quem precisa. São momentos nos quais detectam-se diversas reações das crianças e as ajuda a se dar conta de como e por que têm reagido de modo egoísta ou generoso.

Segundo o Evangelho de Mateus, no "juízo final" de cada um não vão nos perguntar se sabemos muitas coisas sobre Deus, mas o que fizemos pelos outros. Porque Deus, ainda que não o vejamos, está naquelas pessoas que precisam de nós.

Quando lidamos com crianças, não é a mesma coisa do que lidar com adultos em relação à ideia de Deus, à crença ou não em Deus. Para as crianças, se não são manipuladas, o pensamento de Deus é mais espontâneo. Por isso, acreditamos que não seja intromissão na consciência nos referirmos a Deus com a mesma naturalidade com que eles o apresentam. A partir daí, podemos nos perguntar de onde se vê a Deus e responder com as ideias de Mt 25. Pode nos ajudar uma velha montagem sobre as dez coisas que Deus nunca perguntará… porque só vai perguntar pelo amor: porque Deus é Amor.

Talvez, em algum momento, possamos falar com as crianças sobre Jesus de Nazaré, como "o amigo que nunca falha".

② DESENVOLVIMENTO DA OFICINA

PRIMEIRO MOMENTO: A VERDADEIRA AMIZADE

1. Um relato sobre a amizade

A minhoca e o besouro

Uma minhoca e um besouro eram amigos e passavam horas conversando. O besouro tinha consciência de que sua amiga, a minhoca, era muito limitada em relação à mobilidade, tinha visão muito limitada e era muito tranquila e passiva em comparação com os besouros. A minhoca, por sua vez, era muito consciente de que seu amigo, o besouro, vinha de outro ambiente, e de que, em comparação com as minhocas de sua espécie, comia coisas desagradáveis, era muito acelerado, tinha uma imagem grotesca e falava com muita rapidez.

Um dia, a companheira de vida do besouro perguntou a ele sobre sua amizade com a minhoca, querendo saber como era possível que caminhasse tanto para encontrar um ser tão inferior, um ser tão limitado em seus movimentos... e porque continuava sendo amigo de quem nem sequer retribuía as saudações efusivas que o besouro fazia de longe. Mas o besouro tinha consciência de que, devido a sua visão limitada, a minhoca, muitas vezes, nem sequer via que alguém a saudava e, se por acaso chegava a notá-lo, não distinguia se era ou não o besouro, e por isso não respondia ao cumprimento. No entanto, o besouro se calou para não discutir com sua companheira.

A insistência da companheira foi tão grande, com tantos argumentos questionando a amizade que o besouro mantinha com a minhoca, que o besouro decidiu colocar essa amizade à prova, afastando-se da minhoca para esperar que ela o procurasse. O tempo passou, e um dia, o besouro recebeu a notícia de que a minhoca estava morrendo, pois seu organismo havia sido afetado pelos esforços realizados por ela, todos os dias, para encontrar seu amigo, o besouro, e como não conseguia chegar durante a viagem de um dia, a minhoca tinha que voltar todo o caminho percorrido para passar a noite no refúgio de sua própria casa.

Ao saber disso, o besouro, sem contar a sua companheira, decidiu ver a minhoca. Pelo caminho, encontrou vários insetos que contaram a ele das peripécias diárias e infrutíferas da minhoca para ver seu amigo, o besouro, e saber o que tinha acontecido. Contaram a ele que ela se expunha todos os dias para procurá-lo, passando perto do ninho dos pássaros. Sobreviveu ao ataque das formigas, entre outras coisas.

O besouro chegou perto da árvore onde a minhoca estava, esperando pelo momento final. E ao vê-lo a seu lado, a minhoca, com o que restava de vida, disse ao besouro que estava muito feliz por saber que ele estava bem. Sorrio pela última vez. O besouro sentiu vergonha por ter permitido que as opiniões dos outros acabassem com a amizade que tinha com a minhoca, e sentiu dor por ter perdido as muitas horas de prazer que as conversas proporcionavam e, principalmente, por ter colocado a minhoca em uma situação que lhe custou a vida. Por fim, entendeu que a minhoca, sendo tão diferente, tão limitada e tão diferente dele, era sua amiga, a quem respeitava e de quem gostava porque, apesar de pertencer a outra espécie, havia oferecido a ele sua amizade.

- Qual foi a principal lição que o besouro teve?
- O besouro era um mau amigo?
- Há coisas que podem acabar com a amizade? Quais?
- Para que a amizade não termine, o que é preciso?
- Coisas que, independentemente do que aconteça, não acabam com a amizade.
- O que acontece quando você perde um amigo?

2. O troféu da amizade

O troféu da amizade é uma atividade de grupo.

- Os participantes devem se dividir em grupos e cada um deve escolher uma história verdadeira que tenha ocorrido com os amigos e criar com ela uma encenação.
- Deve ser estabelecido um júri que tenha três cartões para votação: cartão vermelho: não gostei; cartão verde: gostei; cartão amarelo: não é ruim. A votação deve ser aberta, para que todos vejam.
- Depois do tempo de preparação, as várias encenações devem ser feitas.
- Deve ser votada e premiada a que mais "gostarem", de acordo com os seguintes critérios:
  1. A história narra algumas ou todas as características de uma verdadeira amizade.
  2. O que vimos na história fez com que nos identifiquemos com ela.
  3. Os valores mais humanos que aparecem na história nos emocionaram.
  4. A história nos motivou a sermos amigos como os apresentados na narração.

As três melhores histórias devem ser premiadas e seus autores devem subir a um pódio preparado com antecedência. Cada um deve receber a medalha da amizade e receber também um buquê de flores. Todos juntos podem cantar um canto à amizade.

SEGUNDO MOMENTO: SOU UM AMIGO DE VERDADE?

Um texto adaptado

Comentem este texto inspirado em São Paulo:

O canto à amizade

"Eu poderia falar inglês, francês, italiano e alemão ao mesmo tempo,

que se não tenho amor, sou apenas um cincerro.

Eu poderia ser famoso ou famosa

E saber todas as ciências do mundo;

Poderia ter fé para mover uma montanha,

Que se não tiver amor, não valho nada.

Eu poderia passar a vida ajudando os pobres

Ou me deixar queimar vivo/a,

Pois se não tenho amor, não sirvo para nada.

Os amigos têm paciência e são amáveis;

Os amigos não são invejosos,

Não são chulos nem se limitam,

Não são grosseiros nem egoístas,

Não perdem a paciência nem te perturbam,

Gostam das coisas justas e da verdade.

Desculpam tudo,

Sempre são fiéis a seus amigos,

Sempre esperam,

Sempre aguentam.

Os amigos não falham nunca."

- É possível ser amigo dessa maneira ou é muito difícil?
- Eu sou um amigo de verdade?
- A amizade vale a pena? Por quê?
- Deste canto da amizade o que te falta e o que tem conquistado?

Preencham o quadro:

OS AMIGOS	O QUE ME FALTA	O QUE JÁ TENHO
Os amigos têm paciência e são amáveis.		
Os amigos não são invejosos.		
Não são chulos nem se limitam.		
Não são grosseiros nem egoístas.		
Não perdem a paciência nem te perturbam.		
Gostam das coisas justas e da verdade.		
Desculpam tudo.		
Sempre são fiéis a seus amigos.		
Sempre contam com seus amigos.		
Sempre esperam.		
Perdoam tudo.		
Sempre aguentam.		
Os amigos não falham nunca.		

A partir desse "trabalho" pessoal é possível chegar a descobrir por que é necessária a amizade:

- Só por sua utilidade?
- Que valor tem para nossa vida a gratuidade, a generosidade?

TERCEIRO MOMENTO: OS AMIGOS NOS AJUDAM A CRESCER

1. Meus amigos e eu: O sociograma

- Em uma folha, desenhar um "sol" escrito no meio a palavra "EU".
- Desse "sol", sai uma série de raios mais ou menos compridos e terminados, cada um deles, em um círculo.
- É preciso escrever o nome das pessoas com as quais me relaciono segundo a distância de maior ou menor afeto ou amizade em relação a cada um ou uma.
- Por que coloquei cada um nessa distância?
- Quem são seus melhores amigos? Por quê?
- Concluímos: Como são minhas relações de amizade?

2. Histórias de amigos

Os verdadeiros amigos nos ajudam a crescer, a viver. Os amigos são necessários para poder viver. Como dissemos antes, não podemos provocar esses momentos de intimidade no qual um conta ao outro suas experiências mais pessoais. É preciso estar atento quando isso acontecer.

Mas também se pode tentar "criar" um certo ambiente propício para isso, se possível, como por exemplo: fazer uma "fogueira de acampamento" à noite, em uma casa, reunir-se ao redor de uma lareira ou outro espaço. Os animadores podem apresentar o tema dos amigos, podem perguntar diretamente às crianças e motivá-las para que contem suas experiências.

Aqui estão algumas perguntas possíveis:

Em que meus amigos me ajudaram?

Quando não copiei a tarefa...

Quanto fiquei doente...

Quando não sabia...

Quando tinha medo de...

Quando me faltava...

Quando...

> **Como ajudo meus amigos a crescer?**
> Quando não posso…
> Quando não quis…
> Quando não deixaram…
> Quando perdi…
> Quando tive medo de…
> Quando não sabia…

- Só somos amigos quando damos e recebemos? Por quê?
- Para que "serve" a amizade?

3. Quando os amigos falham...

É preciso aproveitar uma experiência – em certa medida – do fracasso dos amigos.

- Às vezes, num jogo, alguns membros são imprescindíveis à equipe. Mas podem falhar porque foram fazer algo que queriam mais… Há muitas ocasiões em que os amigos "falham"…
- Os animadores podem ajudar a compreender o que acontece quando os amigos falham e a necessidade da fidelidade e do compromisso.

QUARTO MOMENTO: RUMO À TRANSCENDÊNCIA

1. O modo de reagir

É preciso também aproveitar alguma circunstância que possa ocorrer em algum momento imprevisto, quando algo acontece e é preciso ajudar alguém, ou alguém pede algo de que precisa urgentemente.

Também é possível provocar uma situação quando os grupos estiverem realizando alguma atividade comum e, em um determinado momento, apresentar algo inesperado, como por exemplo: um animador passa mal, acontece um acidente, alguém interrompe fazendo-se passar por mendigo pedindo comida ou dinheiro ou outra.

- Como cada um reage? Analisem as reações ocorridas.

2. Deus passa incógnito...

Relacionar o vivido ao texto do Evangelho de Mt 25,31-46.

Um Power Point, acessível na internet, sobre o texto proposto na sequência: As dez coisas que Deus não perguntará, pode ajudar a refletir.

As dez coisas que Deus não perguntará

Deus não vai te perguntar que tipo de carro você tem em casa; ...vai perguntar quantas pessoas você levou dentro dele para ajudar.

Deus não perguntará quantos metros quadrados tem sua casa; ...vai perguntar quantas pessoas você recebeu dentro dela.

Deus não perguntará qual é a marca das roupas dentro de seu armário; ...vai perguntar quantas pessoas você ajudou a vestir com elas.

Deus não perguntará quanto custou sua casa; ...vai perguntar se você fez coisas erradas para consegui-la.

Deus não perguntará se você é o mais inteligente da turma; ...vai perguntar se você se esforçou segundo sua capacidade.

Deus não perguntará quantos amigos você tinha; ...vai perguntar quantas pessoas você considerava suas amigas.

Deus não perguntará em qual bairro você viveu; ...vai perguntar como tratava seus vizinhos.

Deus não perguntará a cor de sua pele; ...vai perguntar sobre a pureza de seu coração.

Deus não perguntará por que você demorou tanto a procurá-lo; ...vai te levar com amor a sua casa no Reino e não te abandonará jamais.

Deus não perguntará com quantas pessoas você compartilhou isto; ...vai perguntar por que não compartilhou.

---

3. Um poema de Gloria Fuertes

Para acabar, em qualquer momento, é possível deixar um poema à mão. Dessa vez, pode ser o poema de Gloria Fuertes: "Um homem pergunta", que nos fala de um Deus que pode ser visto em todas as partes. (Já está reproduzido nesta obra: é possível ver na página 66-67).

4. Jesus

Em algum outro momento, os animadores podem fazer essa pergunta ao grupo: Onde Deus está?

Pode-se apresentar a figura de Jesus como o amigo que nunca falha. Cada criança, em seu caderno, escreve suas próprias reflexões, e o animador ou catequista ajuda a amadurecer suas experiências sobre a amizade e "o amigo que não falha".

2. A FAMÍLIA

① ITINERÁRIO PEDAGÓGICO

Queremos dar um passo adiante e que as crianças descubram o amor gratuito das pessoas idosas de sua família (pais, avós, tios...).

Contamos com a existência de famílias de muitos tipos e situações. A partir daí, falamos mais de "familiares", que devem se concretizar de modo que ninguém fique magoado nem as crianças fiquem traumatizadas por nada disso.

PRIMEIRO MOMENTO: MINHA FAMÍLIA ME AMA

O filme *Pinóquio* oferece infinitas possibilidades como "espelho" das próprias relações. Nesse caso, o paradigma é a relação Pinóquio--Geppetto, seu criador. Mas a história se abre a muitos significados: espiritual, moral, pedagógico...

Em nosso caso, nos concentramos na relação afetiva entre Geppetto e Pinóquio (pai-filho). Que os filhos revivam e tomem consciência de como é o amor na família e como, apesar de às vezes falharem, em casa são amados incondicionalmente e lutam para que possam crescer e amadurecer como pessoas (ser uma criança de verdade e não um boneco de madeira). O amor à vida é o fio condutor de toda relação de amor e, de modo concreto, do amor a cada pessoa.

SEGUNDO MOMENTO: COMO AMO MINHA FAMÍLIA

A criança é, por natureza, "centrípeta" (alguns dizem que são "egoístas"...). O fato de começar a viver e a fazê-lo a partir da insegurança, faz com que a criança fique mais centrada em si mesma do que nos outros e, portanto, que facilmente queira "emitir nota" de tudo o que acredita fazer bem. Seu amor é interessado... Literalmente, poderia emitir nota de tudo o que em casa "lhe devem" pelas coisas que faz bem.

Mas a criança tem que entender que muito mais do que ela faz em casa é o que, em casa, a família faz por ela... e que não tem preço!

A criança precisa perguntar a si mesma:

- Como sei que minha família me ama?
- Eu os amo da mesma maneira?

É preciso ajudar a criança a sair de si mesma e amar as pessoas de sua família, não pelo que lhe "pagam", mas pelo simples fato de serem sua família.

TERCEIRO MOMENTO: RUMO À TRANSCENDÊNCIA

Tudo isso está muito bom, mas as pessoas idosas, as da família, também falham. Há filmes que mostram isso, como *A corrente do bem*, *Gran Torino e outros*.

Para as crianças, desde pequenas, a imagem de seus pais é a "onipotência": o papai pode tudo, soluciona tudo... até chegar o dia da grande decepção... Seus pais não são "deuses"... Se os pais aprendem e sabem reconhecer seus erros, se sabem até pedir perdão, o amor sincero e verdadeiro supre com facilidade a decepção que a criança teve. "Meus pais me amam, apesar de tudo."

Partir da experiência da limitação humana pode ser um trampolim possível até Deus, não como quem é onipotente (esse é o perigo que deve ser evitado o máximo possível), mas como quem é "oni-acompanhante" e "oni-carinhoso", além de qualquer limite. Além de todos os limites humanos pode haver "alguém" que nunca falha.

Evidentemente, essa experiência se fará mais firme e segura na medida em que seja acompanhada de pais ou familiares que se dirigem com amor a esse "alguém" que é maior que eles e em quem confiam e ensinam seus filhos a confiar.

② DESENVOLVIMENTO DA OFICINA

PRIMEIRO MOMENTO: MINHA FAMÍLIA ME AMA

Filme ou conto: *Pinóquio*

Se possível apresentar o filme *Pinóquio* ou ler a história. E trabalhá-lo, para que as meninas e os meninos se identifiquem com as experiências vividas por Pinóquio:

Aspectos fundamentais do filme/ história que os animadores precisam levar em conta

A história de Pinóquio é a história da evolução espiritual de uma pessoa.

- Pinóquio é criado sob a influência de dois personagens, um masculino e outro feminino (poderiam simbolizar os dois aspectos de Deus).
- É feito pelo carpinteiro Geppetto, e a Fada Azul lhe dá vida. Ao mesmo tempo, a fada escolhe um grilo chamado o Grilo Falante e lhe dá uma missão: permanecer ao lado de Pinóquio para ser sua consciência. (*É a voz da consciência.*)
- O maior desejo de Geppetto é que Pinóquio chegue a ser um menino de verdade. E sabe que seu desejo só pode se transformar em realidade se Pinóquio aprender e crescer, por isso o manda à escola. (*Vamos crescendo.*)
- Pinóquio sai pela porta principal conduzido por seu pai, e faz isso com um desejo: ser um menino de verdade. Mas quando sai no mundo, surgem os problemas. Fazendo uso de sua liberdade recém-descoberta, começa a cometer erros.
- Apesar dos protestos do Grilo Falante, acompanha João Honesto e se une a uma trupe de circo. (*Começa a se meter em apuros e se esquece de Geppetto, que o ama tanto.*)
- Em sua peça teatral, Pinóquio recebe muitos aplausos, e está muito feliz, mas depois da atuação, ele é preso em uma jaula. A Fada Azul o ajuda e pergunta por que ele está preso. Pinóquio tenta

justificar-se para ela contando mentiras, mas a cada mentira dita, o nariz cresce.

- Então Pinóquio reconhece que se esqueceu de Geppetto e se arrepende disso. A Fada então o libera e lhe dá outra oportunidade. (*Sempre é possível recomeçar o caminho.*)
- O Grilo Falante está decidido a ajudar Pinóquio a não sair do bom caminho, mas logo se mete em apuros de novo. João Honrado volta a aparecer, e o convida para ir à Ilha de Prazer, um lugar onde as crianças podem se divertir o dia todo e satisfazer todos seus desejos. Pinóquio não consegue resistir à atração de viajar até a ilha e se une ao grupo voltando a se esquecer de Geppetto. (*Às vezes há coisas que nos parecem mais importantes do que o amor e o carinho.*)
- E ocorre que, quando Pinóquio e as demais crianças demoram muito tempo na ilha, começam a se transformar em burros e a se esquecer até de falar. (*Nos tornamos tontos, insensíveis, e nos tornamos "burros" que só pensamos em doces, em brincadeiras e outras coisas. As coisas nos parecem mais importantes do que as pessoas*).
- Mas Pinóquio se dá conta a tempo quando descobre que está com orelhas e rabo de burro, e se dirige ao Grilo Falante para pedir ajuda. Isso o salva, porque o Grilo Falante sabe como pode escapar da ilha.
- Enquanto estão livres, começam a procurar Geppetto de novo. Mas Geppetto desapareceu porque foi procurar Pinóquio (as pessoas que nos amam não nos esquecem nunca). Pinóquio recebe indicações sobre o paradeiro de seu pai. Poderá encontrá-lo no fundo do mar, na barriga de uma grande baleia que engoliu o barco de Geppetto. (*No fundo de nós mesmos também permanece sempre o amor, mesmo que pareça que o esqueçamos.*)
- Quando Pinóquio e o Grilo Falante procuram Geppetto no mar, a mesma baleia os engole. Na barriga dela estão Geppetto e Pinóquio que voltam a se encontrar (o amor é o que os une). Mas logo se dá conta que não basta seu carinho: tem que sair e procurar de novo a vida da rua, encontrar-se com os outros. (*O amor não se prende em apenas uma pessoa nem em um casal, por mais que seja família.*)
- No conto, Pinóquio tem um plano. Ele pensa em uma maneira de escapar, que requer muita força e valor, e consegue. Mas quando estão no meio do mar, Geppetto parece prestes a se afogar e

Pinóquio se sacrifica para salvá-lo. (*O amor é mais forte do que a morte, quando é desinteressado. Quando a necessidade do outro é mais importante do que a minha, quando "eu" deixo de ser eu e o centro da minha vida, abre-se a porta que dá passagem ao milagre.*)

- Na praia, quando Geppetto recobra a consciência, vê o corpo de seu filho, sem vida. Muito abalado, ele o leva para casa e o coloca na cama. Mas a atitude de amor do menino, dando sua vida ao pai, fez com que ele se tornasse merecedor de ser um menino de verdade. Assim, ressuscita e cumpre seu destino, ser um menino real. (*A chave é o amor, a entrega sem interesse, por parte dos outros.*)

Nascimento de Pinóquio

Ele é esculpido pelo carpinteiro Geppetto. É como se fosse seu filho. A Fada Azul, então, lhe dá vida. O maior desejo de Geppetto, a partir desse momento, é que Pinóquio chegue a ser um menino de verdade, e não um boneco.

MEU NASCIMENTO
O que as pessoas que mais me amam desejam para mim é:

_____
_____
_____
_____
_____

OFICINA 3 | NO FUNDO DE SUAS EXPERIÊNCIAS

Pinóquio escapa
Pinóquio escapa e se une à trupe de circo, esquecendo-se de Geppetto, que tanto o ama.

NOSSOS ESQUECIMENTOS
Em algum momento, eu me comportei de modo muito parecido com Pinóquio?

_____

_____

_____

Pinóquio mente
Quando a Fada pergunta a ele o que aconteceu, Pinóquio diz uma baita mentira e... então... seu nariz estica!

MINHAS MENTIRAS
Seu nariz também cresceu? Por quê?

_____

_____

_____

Busca comum

Geppetto, desesperado, começa a procurar Pinóquio. E Pinóquio começa a procurar Geppetto pensando no quanto o ama...

BUSCA E ENCONTRO

Alguma vez já me perdi de minha casa e de minha família? Como me senti? E como eles se sentiram?

_____

_____

Pinóquio procura Geppetto

Geppetto foi engolido por uma baleia quando ia de barco em busca de Pinóquio.

Pinóquio, então, enfia-se na baleia, procurando Geppetto.

NOSSAS AÇÕES

Já fez algo pelas pessoas de quem mais gosta quando elas precisaram?

_____

_____

_____

OFICINA 3 | NO FUNDO DE SUAS EXPERIÊNCIAS

Pinóquio salva seu pai
Pinóquio salva seu pai de morrer afogado e se torna um menino de verdade.

NOSSAS BOAS AÇÕES
Como percebe que você os ama e que eles amam você?

_____

_____

_____

- Quem são os personagens principais?
- Por que Geppetto quer que Pinóquio seja um menino de verdade?
- Pinóquio gosta de Geppetto de verdade?
- O que ajuda Pinóquio a voltar a procurar Geppetto?
- Por que Pinóquio se transformou em um menino de verdade?
- O que aprendemos com o filme/história?

SEGUNDO MOMENTO: COMO AMO MINHA FAMÍLIA
1. Um relato

A fatura

Era uma vez um jovem casal que tinha dois filhos. Numa sexta-feira, o casal saiu para jantar. Deixaram o filho maior, de 12 anos, encarregado de cuidar do irmãozinho, que era um bebê. E o pequeno deu muito trabalho. Ao final, o filho maior emitiu uma fatura para a mãe.

E deixou escrito o seguinte bilhete em uma folha de papel:

"Porque ele chorou, cinco reais; porque eu dei a ele de comer, cinco reais; porque dei a ele de beber, dois reais; porque ele não me deu sossego, seis reais; porque tive que limpá-lo, dois reais. Total: vinte reais ."

Quando os pais chegaram, a mãe, ao ver a fatura, colocou vinte reais sobre ela e escreveu no verso:

"Pelos nove meses em que te levei em meu ventre, um presente; porque me levantei mil vezes à noite para cuidar de você, um presente; porque só vivo para você, um presente; total: sempre um presente."

Quando o filho se levantou no dia seguinte e viu o recado da mãe, não pegou os vinte reais.

2. A fatura da minha família

Podemos fazer também nossa "fatura"... escrevendo tudo o que cada um faz pelas pessoas que mais me amam em casa. E estabelecer um preço para elas...

E depois, uma relação das coisas que minha família faz por mim. Por exemplo, cuidar de mim quando estou doente, defender-me quando estou em perigo, velar meu sono... Quanto valem essas coisas? Qual é o preço delas?

A fatura para minha família	A fatura de minha família

Portanto:

- Tudo tem um preço?
- Por que meus familiares me amam? Como isso é notado?
- Eu os amo da mesma forma? Como isso é notado?

TERCEIRO MOMENTO: RUMO À TRANSCENDÊNCIA

Nem sempre os pais podem estar presentes em nossa vida. No entanto, há **Alguém** que está em todas as partes e ao nosso lado em todos os momentos. É um amor que não acaba nunca. É o amor de Deus Pai-Mãe.

1. Quem te ama mais

Perguntamos às crianças e fazemos com que respondam, em forma de diálogo ou por escrito, para depois comentarmos juntos ou em duplas:

- As pessoas de sua família te amam muito, é verdade. Mas em quais coisas você acha que eles poderiam te amar mais do que amam?
- Por que não fazem isso?
- Quando eles não estão em casa, continuam te amando da mesma forma? Como consegue perceber isso? Sempre? Conte um exemplo que tenha acontecido de verdade.
- Pode haver alguém que te ame mais do que eles, mais do que seus professores, mais do que seus amigos? Por quê?

2. Uma carta

Escreva uma carta a esse "Alguém" que te ama mais do que seus pais, sua família, seus professores, seus catequistas, seus amigos…

3. Balões

Pode-se colocar todas as cartas juntas e comentá-las. Feito isso, as cartas são amarradas a balões que serão lançados ao céu para que nossa oração seja levada a essa pessoa…

4. Silêncio

Nunca se esquecer desses momentos de silêncio, como já fizemos outras vezes na oficina do silêncio.

- Como Deus me ama?

3.2 A EXPERIÊNCIA DO "VOCÊ"

Vivemos em uma sociedade "dos objetos", ou seja, uma sociedade na qual a maioria das coisas são valorizadas por sua utilidade e eficiência. E isso chega a nos apresentar uma certa desumanização da pessoa quando a valorizamos apenas por seu rendimento e utilidade. Falamos, assim, do "mercado de trabalho" ou "mercado laboral". Falamos de índice de desemprego, da porcentagem de pobres no mundo, do "índice de desenvolvimento humano" e outros. Em todas essas coisas, as pessoas são reduzidas à quantidade e sua medida é apenas numérica.

Isso, que se realiza a níveis macroeconômicos e sociológicos, chega a afetar as relações interpessoais, os laços de amizade, de lealdade, de fidelidade matrimonial, de respeito mútuo, de ternura… quando, ainda que possa parecer um exagero, as pessoas acabam sendo, de certo modo, "descartáveis"…

O que nós afirmamos aqui é que, a partir da alteridade com o outro (com o "você"), tomado como sujeito pessoal e não como objeto, podemos chegar a uma experiência que nos leva mais além do "eu" e do "nós", até um "Você" pessoal, com maiúscula, que é a experiência da transcendência e, em definitivo, de Deus. O outro é a possibilidade de meu eu; o descobrimento da alteridade é a possibilidade da identidade de meu eu; de outro modo, produz-se o egocentrismo. Do encontro com o você partimos para descobrir a experiência de Deus como a experiência do Você. Para nós, toda realidade tem seu fundamento em Deus; além disso, o outro, a pessoa, é a "imagem de Deus". O descobrimento da alteridade é a viagem necessária para descobrirmos Deus.

O "outro", como sujeito e como pessoa, me tira de mim mesmo porque para poder ser consciente de mim mesmo, preciso me deparar com o "outro" como "outro eu", ou seja, com um "você". Aprofundando-me nessa experiência, encontramos que "você" + "eu" formamos um "nós" formados por sujeitos pessoais, iguais todos numa mesma dignidade. Até aí, estaríamos no mundo da ética, o mundo, por exemplo, dos direitos humanos.

Mas é possível ir além, desde o momento em que nos perguntamos quem ou como nos transforma em "família humana". Como é possível falar de um "nós" global, sem a experiência de um "VOCÊ" global, de uma alteridade global à família humana, ao nós mundial no tempo e no espaço?

E, indo ainda mais à frente, o fato de Deus se encontrar no próximo é algo que pertence à verdade escatológica ainda que esta nos seja desconhecida, tal como aparece no Evangelho (Mateus 25, 31). Mas, certamente, esse passo a partir da experiência humana a uma transcendência que tem a Deus por objeto, é algo impossível de prever. É um "salto" a outra linguagem, a linguagem da fé.

1. Jovens, adultos e idosos

① ITINERÁRIO PEDAGÓGICO

AMBIENTAÇÃO

Partimos de uma visão mais generalizada das relações humanas, nas quais cada grupo se "depara" com a realidade dos outros e se coloca em jogo a realidade de si mesmo. Não somos seres isolados, mas, a interação com os outros nos obriga a nos transformar, a evoluir, a amadurecer nossa própria pessoa para nos realizarmos como tais em plenitude.

A utilização do cinema para isso não é apenas um reflexo sobre o que se vê, mas a identificação dos personagens consigo mesmo; age como espelho "de projeção" onde os sentimentos colocam em jogo a vivência do que um gostaria de ser ou não ser e, através dos desejos, eles nos impulsionam à mudança pessoal e ao desejo de sermos mais plenamente quem somos, mais plenamente humanos. Falamos de filmes como os *Intocáveis, Gran Torino, Melhor Impossível...*

PRIMEIRO MOMENTO: QUEM SOU EU

A experiência mais comum, quando, por exemplo, nos pedem para apresentarmos a nós mesmos diante de outros, é a de "nos definirmos" por dados mais externos de nossa pessoa, isso que chamamos de nossa "carteira de identidade": nome, nascimento, residência, profissão...

Mas "eu" sou mais do que os dados externos de minha pessoa. Na realidade, sou um "mistério" para mim mesmo. "Quem sou eu?" é uma pergunta muito difícil de responder, mas o "eu" está muito além dos dados externos do que um faz, do que os outros conhecem de mim, do que eu mesmo conheço sobre mim.

Olhar-se no espelho, confrontar-se com o que os outros dizem de mim, são outras várias experiências que podem possibilitar a experiência do mistério do próprio "eu".

SEGUNDO MOMENTO: O EU E O VOCÊ

Essa experiência nos abre à possibilidade de nos aprofundar no que diz respeito de uma pessoa consigo mesma, a consciência da própria dignidade. Mas pode nos levar uma espécie de "solipsismo" prejudicial. No entanto, "eu" não sou um ser isolado do mundo, como se caíssemos do céu... Na realidade, somos o "produto" de uma série infinita de relações inter-humanas que foram acontecendo até chegar ao dia de nosso nascimento: nossos pais, nossos irmãos, nossos avós, e a cadeia interminável de nossas "árvores genealógicas".

O fato de "nos parecermos" com as pessoas de nossa família é o dado evidente de que se sou "eu" é porque houve muitos outros "eus" que têm sido a minha causa. Impossível ser "eu" sem as pessoas que me precederam e que têm me acompanhado e que acompanham meu crescimento.

Da mesma maneira que o "eu" de cada um de nós forma, no fundo, um "mistério" que temos chegado a viver como base de nossa dignidade e de onde brota a necessidade do respeito por si mesmo, os outros também são outro "eu" igualmente constituído por seu próprio "mistério" e "dignidade". Diante

OFICINA 3 | NO FUNDO DE SUAS EXPERIÊNCIAS

do meu "eu" há um "você" tão digno como eu. Somos "pessoas", não "coisas". Tratamos uns aos outros assim na realidade?

Basta uma observação atenta do que vemos na rua, em nosso trabalho, para nos darmos conta de que com muita frequência, as pessoas tratam umas as outras como "coisas" e não como "pessoas", que não são um "você" para seu próprio "eu". Talvez porque vivamos tanto na superfície de nossa vida seja o motivo pelo qual muita gente não descobriu sua própria dignidade, seu próprio "mistério". Basta perguntar a muitas pessoas como elas se sentem em relação aos outros: faxineiros, modelos, camareiros, donas de casa, sacerdotes, imigrantes, médicos, enfermeiras. Ou a si mesmo: bastaria fazer a experiência de passar um tempo fazendo-se passar por mendigo em uma esquina para sentir na própria pele como somos tratados como "coisas" e não como "pessoas"...

TERCEIRO MOMENTO: O VOCÊ E O EU

Os "preconceitos" nos impedem de ver uns aos outros como autênticos "você" de meu "eu". Colocamos "etiquetas" uns nos outros e isso nos leva a nos rebelar quando nos "caracterizam" e nos "prendem" na jaula dos preconceitos. Os preconceitos são uma barreira para nos sentirmos como pessoas. Nós mesmos temos a experiência do contrário, e da surpresa, quando alguém nos abre a sua mais profunda realidade e acaba com os "preconceitos" que nos impediam de conhecê-lo. Há inimizades que chegam a se tornar amizades muito profundas depois de experiências semelhantes.

É importante nos aproximarmos também do outro em seu sofrimento e de fato fazemos isso em nossa vida: visitas, voluntariados, ações de serviço e compromisso. Essas ações são importantes para passar do "mistério" do "eu" e do "você" RUMO À TRANSCENDÊNCIA.

QUARTO MOMENTO: SOMOS DIFERENTES, MAS IGUAIS (SOMOS "NÓS")

Não vivemos sozinhos. Não somos nenhum "Robinson Crusoé". Mas não é fácil vivermos juntos como pessoas. As diferenças entre nós: modo de ser, ideologia, temperamento e outros aspectos, são sérios obstáculos para vivermos como pessoa, como "eu" e como "você".

Deveríamos valorizar as diferenças como riquezas, não como obstáculos; na verdade, todos juntos formamos um corpo composto de muitos membros diferentes e todos necessários, e podemos nos experimentar como "nós" quando fazemos parte de um grupo humano onde espontaneamente cada um assume, sem querer, papéis distintos: debates, excursões, convivências, dentre outros.

QUINTO MOMENTO: RUMO À TRANSCENDÊNCIA

Ninguém pode forçar ninguém a encontrar um sentido global e máximo a nossa existência como pessoas que se formam como "eu" no encontro com o "você", e, muito mais, na experiência do "nós".

Mas é possível também a experiência de se sentir como um "nós" global no conjunto do universo. Onde nos colocamos nesse conjunto? O microcosmos e o macrocosmos, as galáxias, a noite estrelada que nos afundam no "mistério" do universo do qual "nós" somos uma pequena parte... Um "nós" que inclui, não apenas nosso, na verdade, pequeno grupo, mas o conjunto de uma "família humana" na qual entram não apenas o que "somos", mas os que "foram" e os que "serão".

E nasce a pergunta pelo sentido. Se, para ser "eu" tem que existir um "você", não será necessário um "VOCÊ" global diante do qual possamos dizer um "nós" também global e universal?

② DESENVOLVIMENTO DA OFICINA

AMBIENTAÇÃO

Podemos, se possível, assistir aos *Intocáveis*, filme de Olivier Nakache e Eric Toledano (França 2011)

Síntese de *Intocáveis*

Depois de um acidente de parapente, Philippe, um rico aristocrata branco, contrata Driss como assistente e cuidador, um jovem negro procedente de um bairro de casas públicas que saiu recentemente da prisão – em outras palavras, a pessoa menos indicada para o trabalho. Juntos, vão misturar Vivaldi e "Earth, Wind & Fire", a dicção elegante e as gírias das ruas, as roupas e as calças de moletom. Dois mundos vão entrar em choque e eles vão ter que se entender para dar lugar a uma amizade tão maluca, cômica e sólida quanto inesperada, uma relação singular que gera energia e que os torna... intocáveis!

Uma possível reflexão sobre esse ou outros filmes pode partir da simples pergunta sobre o que mais chamou sua atenção... o que você "pegou" desses personagens...

Há outros filmes nos quais aparece o assunto das relações humanas, o respeito ao outro, a tolerância, algumas vezes em tom de comédia e outras em forma de drama.

- *Gran Torino* (Clint Eastwood, Estados Unidos, 2008)
- *Melhor Impossível* (James L. Brooks, Estados Unidos, 1997)
- *Tomates verdes fritos* (Jon Avnet, Estados Unidos, 1991)
- *Te dou meus olhos* (Izíar Bollaín, Espanha, 2003)

PRIMEIRO MOMENTO: QUEM SOU EU?

1. Algo além do que faço

Anthony de Mello contava uma história muito significativa:

> **Quem sou eu?**
>
> "Uma mulher estava agonizando. Logo de cara, teve a sensação de que era levada ao céu e apresentada diante do Tribunal.
>
> — Quem é você? – perguntou uma Voz.
>
> — Sou a mulher do prefeito – respondeu ela.
>
> — Perguntei quem você é, não com quem está casada.
>
> — Sou a mãe de quatro filhos.
>
> — Te perguntei quem você é, não quantos filhos você tem.
>
> — Sou professora de escola.
>
> — Eu te perguntei quem você é, não qual é sua profissão.
>
> E assim sucessivamente. Respondia o que vinha à cabeça, não parecia conseguir dar uma resposta satisfatória à pergunta.

– Quem é você? Sou uma cristã.

– Perguntei quem você é, não qual é sua religião.

– Sou uma pessoa que ia todos os dias à igreja e ajudava os pobres e necessitados.

– Perguntei quem você é, não o que você fazia.

Evidentemente, não conseguiu passar no exame, porque foi enviada de novo à terra. Quando se recuperou de sua doença, tomou a determinação de averiguar quem era. E tudo foi diferente."

MELLO, Anthony de. *A oração da rã 1*. Santander: Sal Terrae, 1988, p. 191.

A partir dessas histórias, podemos nos perguntar quem sou eu, se não sou todas essas coisas e o que pensamos de todas elas.

2. Se fosse...

Podemos fazer uma brincadeira:

- Uma pessoa do grupo sai.
- Os que ficam escolhem uma pessoa do grupo.
- Entra de novo a pessoa que saiu e pergunta a outros quem é a pessoa indicada por meio de comparações até chegar a acertar. Por exemplo: como seria essa pessoa se fosse... uma igreja, uma cor, um animal, uma paisagem, uma música...? Se não adivinhar, ao final deve-se dizer quem era.

Quando se faz essa brincadeira, o que uma pessoa pergunta é:

- Como me senti diante das comparações que meus companheiros fizeram de mim...
- Por que me identificaram com cada coisa que disseram...
- Se me identifico ou não com o que dizem...
- Se acredito que meus companheiros são "objetivos"...
- Se de fato me conhecem em toda a minha realidade pessoal...
- E eu, à parte de tudo isso, como me sinto como pessoa?

3. A janela de Johari

Trata-se de uma teoria que se articula por meio do conceito de espaço interpessoal, que está dividido em quatro áreas – quadrantes –, definidas pela informação que se transmite.

	Eu conheço	Eu desconheço
Os outros conhecem	Área livre	Área cega
Os outros desconhecem	Área oculta	Área desconhecida

Esses quadrantes estão permanentemente interatuando entre si, pois se puder causar uma mudança em um quadrante, este afetará todos os outros.

- **O primeiro quadro** (área livre) é a parte de nós mesmos que os outros também veem.

- **O segundo** (área cega) é o que os outros percebem, mas nós, não.

- **O terceiro** (área oculta) é o espaço pessoal privado.

- **E o último quadro** (área desconhecida) é a parte mais misteriosa do subconsciente ou do inconsciente que nem o sujeito nem seu ambiente conseguem perceber.

Em cada uma dessas áreas, cabe uma série de perguntas:

- **Área livre:** O que tenho que conheço de mim mesmo ou de mim mesma que também conhecem os outros?
- **Área cega:** Que aspectos de minha pessoa os outros conhecem, mas eu não conheço? Pode ser algo que em determinado momento disseram de mim que me surpreendeu porque eu desconhecia.
- **Área oculta:** É um momento para ficar em silêncio e nos fazermos conscientes de nosso próprio mundo secreto, daquilo que não temos desejado revelar de nós mesmos e que portanto, os outros não conhecem.
- **Área desconhecida:** Reconhecemos que neste espaço ficamos em branco. Talvez apenas nos sonhos seja manifestado, mas ainda assim fica fora de nossa interpretação correta. Como me sinto diante do fato de ser um mistério para mim mesmo ou para mim mesma?

SEGUNDO MOMENTO: O EU E O VOCÊ

1. Marcas

Os outros são importantes na minha vida, até o ponto de todos sermos interdependentes: eu sou "pelos outros", "eu sou importante para os outros". É o que compreendemos quando olhamos nossos álbuns de fotos, ou as fotos que selecionamos e guardamos: família, amigos etc.

- Que "marcas" foram deixadas em mim por meus familiares...?
- Eu me pareço com meus pais, com meus avós, com meus tios...? Em quê?
- Há outras "marcas"...? Quais outras pessoas deixaram "marcas" em mim? que "marcas"?

A presença dos outros me obriga a sair de meu próprio "eu" até o "você".

2. Pessoas e coisas

Observamos, ao longo de um determinado período, durante o dia, na rua, em casa, no trabalho ou na sala de aula, todos os detalhes possíveis que indiquem quando a gente trata os outros como "objetos" ou quando me senti ou me tratei como "objeto"...

Pode-se entrevistar uma série de pessoas para que nos expliquem como se sentem tratadas pelas pessoas, se como pessoas ou como objetos, e por quê:

- Uma faxineira de grandes mercados ou de uma estação.
- Varredores de rua.
- Uma modelo de passarela.
- Um funcionário de um salão de festas, uma camareira de hotel.
- Uma dona de casa.
- Um padre, um advogado, um médico.
- Um idoso, um deficiente físico (ou alguém de sua família que responda por ele/ela).
- Uma caixa de supermercado, uma prostituta, uma doméstica...
- – Como essas pessoas se sentiram?
- – Eu tratei essa pessoa assim? Quando? Como?

3. Um conto

> ### Você e eu
>
> "O amante bateu à porta de sua amada.
>
> — Quem é? — perguntou a amada, do lado de dentro.
>
> — Sou eu — disse o amante.
>
> — Então, vá embora. Nesta casa, não cabemos eu e você.
>
> O recusado amante partiu para o deserto, onde ficou meditando durante alguns meses, pensando nas palavras da amada. Por fim, voltou e de novo bateu à sua porta.
>
> — Quem é?
>
> — Sou você.
>
> E a porta se abriu imediatamente."
>
> Anthony de Mello, *El canto del pájaro.*

4. A própria experiência

- Alguma vez fez a experiência, durante um breve espaço de tempo (alguns momentos, uma hora), de pedir esmola, de ser guardador de carros, de limpar para-brisas?
- Como se sentiu?

TERCEIRO MOMENTO: O VOCÊ E O EU

1. Os preconceitos: O jogo das etiquetas

Podemos realizar o conhecido jogo das "etiquetas".

- Deve-se preparar algumas etiquetas de papel para colocar na testa, com diferentes rótulos: padre, monja, rebelde, prostituta, homossexual, médico, emigrante, advogado, dona de casa, portador do vírus da AIDS…
- Deve-se colocar a etiqueta na testa de cada um sem que eles saibam o que está escrito.
- Não devem falar o que veem na testa dos outros.

- A dinâmica consiste em fazer com que todos percorram a sala por um tempo determinado previamente para que se agrupem de acordo com suas afinidades, necessidades, preferências...
- Depois, comentamos como nos sentimos, quais conclusões podemos tirar do jogo.

2. O sofrimento alheio

Para se aproximar do sofrimento alheio, o acesso mais direto é realizar uma experiência de voluntariado com pessoas excluídas ou com pessoas pobres, marginalizadas, enfermos etc. Mas sempre o importante é a seguinte reflexão:

- Qual descoberta pessoal foi feita do contato com essas pessoas...
- Como se sente interpelado...
- O que sentiria se eu fosse uma dessas pessoas...
- Se me sinto chamado a me envolver para aliviar a dor que ocorre nessas situações...

QUARTO MOMENTO: SOMOS DIFERENTES, MAS IGUAIS (SOMOS "NÓS")

Temos a experiência do que o outro não faz o que eu faria. Mas, além disso, me incomoda, e incomoda o que eu acredito que tenha que fazer, porque só tenho minha visão e não vejo outro enfoque tão válido como o seu.

1. Os papéis

Para o equilíbrio de um grupo humano, é preciso que existam quatro tipos de papéis entre seus membros. Se faltar algum deles, o grupo se desequilibra:

- **Profetas:** São aquelas pessoas que dentro de um grupo agem continuamente sobre a tarefa que é preciso realizar. Colocam ênfase no que fica por ser feito. Criticam a situação injusta criando um sentimento de culpa no grupo. Às vezes até dão vozes, premiam com gestos que tentam chamar a atenção.
- **Cantores:** São os que adoçam a situação e animam o grupo justificando sua forma de proceder, fazendo ver as coisas positivas que se vem conseguindo. Evidentemente, são o contraponto dos profetas...

- **Médicos:** Em meio ao estresse que produzem as urgências de uns e os "cantos" dos outros, sempre há pessoas que não estão nem para um nem para o outro... O grupo precisa da atenção de um médico que atenda aos mais afetados pelo ambiente criado.
- **Autoridade:** Alguém tem que colocar ordem no conjunto de profetas, cantores e médicos... É ele que representa a autoridade.

Isso, que é teoria, pode ser colocado em prática de duas maneiras:

1. Refletindo-a no mesmo grupo, uma vez conhecida a teoria, para ver, assim, a "complementaridade" dos papéis.
2. Dividindo entre os participantes os papéis de profetas, cantores, médicos e autoridade, sem que o grupo saiba os papéis que os outros representam. Escolhe-se um tema para debater, como, por exemplo, qual é a situação do grupo e se estabelece um determinado tempo, com antecedência, para o debate, comentando depois a experiência realizada: como tenho me sentido no papel que tenho representado, o que tem a ver o que se representa na dinâmica com a vida real, quais experiências temos da criação de conflitos pelo fato de ser diferentes.

2. Um relato: Unidos na diferença

Reunião na carpintaria

"Dizem que na carpintaria, certa vez, aconteceu uma reunião esquisita. Foi uma reunião de ferramentas para acertar suas diferenças. O martelo presidiu a reunião, mas soube que teria que renunciar. Por quê? Fazia barulho demais! Além disso, passava o tempo todo batendo.

O martelo aceitou sua culpa, mas pediu para que o parafuso também fosse expulso; disse que ele precisava dar muitas voltas para servir de alguma coisa. Diante do ataque, o parafuso aceitou talvez, mas por sua vez, pediu a expulsão da lixa. Fizeram ver que ela era muito áspera em seu modo de agir e sempre tinha atritos com os demais. E a lixa concordou, sob a condição de que a trena fosse expulsa, já que sempre media os outros conforme sua medida, como se fosse a única perfeita.

Nisso, entrou o carpinteiro, vestiu o avental e começou a trabalhar. Utilizou o martelo, a lixa, a trena e o parafuso. Por fim, a madeira foi transformada em um tabuleiro de xadrez.

Quando a carpintaria voltou a ficar vazia, houve uma reunião de deliberação. Foi então que o serrote tomou a palavra, e disse:

— Senhores, já está claro que temos defeitos, mas o carpinteiro trabalha com nossas qualidades. Isso é o que nos torna valiosos. Assim, não pensemos em nossos pontos fracos, vamos nos concentrar na utilidade de nossos pontos positivos.

A reunião definiu, então, que o martelo era forte, que o parafuso unia e dava força, a lixa era especial para afinar e limar asperezas e observaram que a trena era precisa e exata.

Então, eles se sentiram uma equipe capaz de produzir e fazer coisas de qualidade. Ficaram orgulhosos de suas forças e do trabalho em equipe."

Apesar de sermos diferentes, e exatamente por isso, formamos uma unidade. Para isso, são necessárias as atitudes de tolerância, diálogo e outras, que cada um tem que procurar ter em relação aos outros.

QUINTO MOMENTO: RUMO À TRANSCENDÊNCIA

Fazemos parte de um todo que é o universo. Nosso planeta navega desde sua origem até a plenitude. Nele nada é estranho, tudo é diferente e tudo tem sua razão de ser de forma que somos, cada e cada uma, a parte de um topo que engloba tudo de uma maneira uniforme, harmônica e perfeita.

No quebra-cabeça é importante reconhecer a parte que nos cabe e observá-la de sua totalidade, em união com todos os elementos dos quais somos formados, juntamente com os componentes que formam o cosmos. É assim que podemos descobrir o sentido máximo de nossa existência.

1. Zoom cósmico

Zoom cósmico é o título de um importante vídeo que pode ser encontrado e assistido com facilidade: www.youtube.com/watch?v=VgfwCrKe_Fk.www.e-sm.net/ted16.

Como este, há muitas versões e variedade de enfoques.

2. Observando o universo

À noite, e com o mínimo de contaminação luminosa, é maravilhoso contemplar o firmamento e as estrelas. Ficamos olhando para cima, com os pés descalços, em silêncio... que lugar ocupamos nesse universo? Somos muito pequenos diante de tudo o que é criado...

- Tocar e sentir a terra em contato com nosso corpo, mãos e pés, escutar a brisa, os ruídos que nos rodeiam, sentir o perfume da natureza...
- Tomar consciência de que fazemos parte de um todo e que nesse universo cada ser tem um posto e uma tarefa a realizar...

3. A pessoa se abre à transcendência.

Há um personagem na Bíblia sobre o qual todos falam como exemplo de paciência: a paciência de Jó. Mas no livro de Jó, existe algo mais. Jó pretende conhecer o mistério do universo. E, em seu suposto diálogo com Deus, este lhe pergunta se sua sabedoria é tão grande a ponto de conhecer o mistério do universo. Por fim, Jó tem que se calar e abrir-se ao mistério do mesmo Deus.

- Será esta nossa mesma situação diante do mistério do "todo" que temos contemplado à noite?
- Podemos ler os capítulos 38-40 do livro de Jó e fazer essas mesmas perguntas do texto.
- Poderei dizer a mesma coisa que Jó disse ao fim de seu poema?

  Jó respondeu então ao Senhor e disse: Bem sei que podes tudo, que nenhum projeto te é impossível. 'Quem é esse que ofusca a Providência sem conhecimento de causa'? De fato, falei de coisas que não compreendia, maravilhas superiores a mim, que não entendia. "Escuta-me", eu disse, "a palavra está comigo, vou te interrogar e tu me instruirás!" Eu te conhecia só por ouvir dizer; mas agora meus próprios olhos te veem (Jó 42,1-5).

2. Crianças

① ITINERÁRIO PEDAGÓGICO

A "pedagogia dos espaços" é uma estratégia que responde à exigência de integrar as atividades de aprendizagem com as necessidades básicas das crianças. Para realizar a estratégia por espaços é preciso mudar a organização do espaço e a estrutura do grupo tradicional por pequenos grupos que realizam atividades diferentes.

Assim, potencializa-se a necessidade e o desejo de aprender das crianças, de adquirir conhecimentos novos, de desenvolver a vontade de investigar. Além disso, conseguem uma maior autonomia e responsabilidades adaptadas a sua idade. Contemplar as necessidades do grupo e de cada membro em particular, a investigação, o desejo de assumir responsabilidade dentre outros, são constantes no desenvolvimento dessa pedagogia.

A experiência a se realizar é a de vivenciar seu ser de pessoas – o "eu" – e o dos outros: as pessoas não são coisas. Como pessoas, precisamos uns dos outros. Todas as pessoas do mundo são uma grande "família". O que ou quem nos une como família?

PRIMEIRO MOMENTO: O ESPAÇO DA MÚSICA – EU SOU UMA PESSOA

Há algo que fica evidente para todo mundo: os enormes avanços tecnológicos que vivemos atualmente. Isso, nas crianças, é ainda mais observável. Ficamos admirados ao ver como as crianças, desde muito pequenas, mexem no computador, no tablet, no celular e em outras ferramentas tecnológicas.

A educação, em geral, procura fazer das crianças perfeitos "martelos" do sistema, uma vez que as lições instrumentais têm prioridade em relação a outras: existe mais "ensino" do que "educação". As crianças – e por que não?, os adultos – somos cada vez mais escravos das "coisas". Podemos acabar, em casos extremos, a "coisificar" os outros: tudo acaba sendo avaliado pela utilidade. Onde ficam os valores "humanos", os valores da pessoa? É muito importante se dar conta – racional e, acima de tudo, na prática – que não somos "bonecos", mas sim, "pessoas".

SEGUNDO MOMENTO: OS OUTROS TAMBÉM SÃO PESSOAS

Que valores nos tornam pessoas e quais contravalores nos desumanizam e nos aproximam da categoria de simples "coisas", não pessoas? O jogo é sempre, como o desenho, a música ou a encenação, um elemento importante da pedagogia. Quando ao jogo se une o humor, temos um novo estímulo pedagógico: o humor "distancia" e "objetiva" a realidade.

Muitas vezes, as pessoas se comportam como "coisas" porque vivemos no superficial da vida e tratamos os outros, ou eles nos tratam, como "coisas" e não como pessoas: não devemos tratar um livro como tratamos o avô, e vice-versa.

Também não devemos ser tratados como coisas, mas como pessoas. Isso pode ocorrer quando nos "etiquetam" de alguma maneira como se não pudéssemos ser mais do que dizem que somos: "o Quatro-Olhos, a Brega e outros". Por experiência própria – dolorosa – podemos aprender sobre os outros. Somos todos pessoas.

TERCEIRO MOMENTO: O ESPAÇO DOS ANTEPASSADOS: SOMOS "NÓS"

Ninguém pode viver isolado dos outros. Não somos "Robinson Crusoé". As pessoas adultas podem dizer: "Seu filho é muito parecido com você!". Sim. Nós nos parecemos com muitas pessoas de nossa família. Por quê? Porque não chegamos ao mundo vindos das estrelas, mas sim, de nossos pais, avós.

Vivemos unidos por estreitos laços familiares que, ao longo de muitos anos e através de muitas pessoas, têm feito o possível para que nasçamos. Os outros fazem parte do meu "eu".

QUARTO MOMENTO: O ESPAÇO DA INTIMIDADE – UMA FAMÍLIA HUMANA

Todos os seres humanos, de diferentes raças, idiomas, culturas e cores, somos uma única "família humana", todos diferentes, mas todos iguais. Todos somos "pessoas" com um destino comum.

QUINTO MOMENTO: O ESPAÇO DA HUMANIDADE – RUMO À TRANSCENDÊNCIA

Como dissemos em outro momento, quando lidamos com crianças, não é a mesma coisa de quando lidamos com adultos a respeito da ideia de Deus, à crença ou não em Deus. Para as crianças, se não são manipulados, o pensamento de Deus é mais espontâneo. Por isso, acreditamos que não é nenhuma interferência em sua consciência nos referirmos a Deus com a mesma naturalidade com a qual eles o apresentam. Perguntar acerca de uma "família humana" é perguntar quem é o "pai" comum de todos esses "filhos". Somos cidadãos do mundo!

② DESENVOLVIMENTO DA OFICINA

PRIMEIRO MOMENTO: O ESPAÇO DA MÚSICA – EU SOU UMA PESSOA

Canções

Trabalhar com a música *O robô* – Tom Zé – disponível na internet.

Há outras canções com o mesmo título e letra diferente, também muito valiosas que podem ser utilizadas.

- O que é um robô?
- Duas silhuetas de crianças recortadas de papel branco: quais podem ser as características de um "menino robô" e as de um menino "normal"?
- Você gostaria de ser um menino como esse? Por quê?

SEGUNDO MOMENTO: OS OUTROS TAMBÉM SÃO PESSOAS

1. O espaço das pessoas

A árvore

Nós, os meninos e as meninas, somos "pessoas". Isso é o que afirmamos quando dizemos que não queremos ser um "menino robô". O que significa "ser pessoa"? Pode nos ajudar a entender uma **árvore** gigante, que tenha três partes bem definidas: raízes, troncos, galhos:

As **raízes** são cinco, bem definidas com cinco títulos: "Família", "Escola", "Rua", "Natureza", "Outros".

- No **tronco**, um cartaz grande no qual se leia "EU".
- **Cinco galhos** com dez raminhos cada um.
- Os **frutos**. Cada pessoa do grupo tem na mão cinco cartões em forma e cor de laranja e cinco cartões em forma e cor de limões.

Valores pessoais: Escrever com letra legível, em cada uma das cinco laranjas, algo muito valioso que deve ter uma criança, algo pessoal que a criança estima muito e desejaria conseguir. São cinco valores importantes na vida da criança.

Contravalores pessoais: Em cada um dos limões, escrever algo que não goste, que seja o contrário do que refletimos. Por exemplo: se falaram da *sinceridade,* poderiam escrever a mentira. Mas não é preciso que cada valor tenha nos limões seus contravalores; podem não estar correlacionados.

As coisas valiosas escritas nas laranjas são as que nos fazem ser "pessoas". O que está escrito nos "limões" são as coisas que não nos deixam ser "pessoas". Portanto: como são as pessoas?

Para que serve...

O AVÔ	
A CANETA	
A BORRACHA	

A TELEVISÃO	
O AMIGO	
O FERRO DE PASSAR ROUPAS	
A CARTEIRA	
O VIDEOGAME	
O CACHORRO	
O(A) PROFESSOR(A)	
DEUS	

- Podemos usar os outros?
- Quando utilizamos os outros para nossa conveniência, como uma coisa?
- Você se sentiu usado alguma vez? Quando? Como?

2. O espaço do conto

A injustiça do rei

NARRADOR: Há muitos, muitos anos em um castelo localizado no alto de uma montanha, vivia um idoso rei de farta barba branca. O rei era especialmente bom porque tratava com dignidade e respeito todos os seus súditos.

REI: Soldado vigia, o que vê no horizonte?

SOLDADO: Nada, meu senhor.

NARRADOR: A esposa do rei, a rainha, uma bela mulher de cabelos loiros compridos e unhas compridas, disse, dirigindo-se a suas donzelas:

RAINHA: Donzelas, estou indisposta. Dou uma ordem a vocês: preparem meus aposentos agora mesmo!

NARRADOR: E as donzelas disseram à ama:

DONZELAS: Como quiser, somos suas escravas.

NARRADOR: Nesse momento, apareceu a caprichosa princesinha porta adentro, dizendo:

PRINCESINHA: Mamãe, o que acha de minha nova sombrinha cor-de-rosa?

NARRADOR: E a isso, o rei respondeu:

REI: Que absurdo! Seu povo está sofrendo muito e você tem a ousadia de pensar em objetos tão banais como em sua sombrinha?

NARRADOR: Do pátio de armas, chega o barulho dos cascos dos cavalos e a toda velocidade chegaram vários cavaleiros que, inclinando-se na frente do rei e de sua corte, exclamaram:

CAVALEIROS: Majestade, trazemos ao senhor um grupo de camponeses imundos que se recusam a pagar os impostos.

NARRADOR: Em seguida, apareceram os camponeses que, prostrados diante do rei e mostrando a ele suas vestes rotas, suplicaram:

CAMPONESES: Piedade, majestade! As colheitas têm sido ruins e não temos com o que pagar.

NARRADOR: O rei, tomado por compaixão, perdoou a dívida deles, e a corte toda gritava:

CAVALHEIROS: Viva a justiça! Longa vida ao rei!

NARRADOR: E pirlimpimpim, a história chegou ao fim.

Trabalhamos com o conto:

- É possível fazer uma "encenação" dessa história com que todas as crianças participem: algumas representam o rei, outras representam as donzelas e outras, os cavaleiros.
- Cada grupo recebe as frases dos personagens do conto que correspondem a seu personagem.
- À medida que o conto for lido, cada vez que for dito o nome dos personagens, individual ou coletivamente, aqueles que estiverem com o papel dizem em voz alta a frase do personagem e podem realizar algum gesto ou ação combinada previamente, e a narração continua...

Como outras atividades, esse conto serve para diferenciar pessoas e coisas. Mas muitas vezes tratamos as pessoas como se fossem coisas, ou nós mesmo vivemos como "coisas" e não como pessoas.

- Isso acontece no conto?
- Acontece a mesma coisa no colégio, em casa, no pátio, nas brincadeiras...? Quando?

3. O espaço das etiquetas: Os preconceitos

Realizar este exercício:

* Deve-se preparar algumas etiquetas de papel para colar na testa, com diferentes palavras em cada uma delas: QUATRO OLHOS, PORCO ESPINHO, GORDA, DEDO DURO, ESPORTISTA, LINDA, ESTRANHO, PAQUERADOR.
* O animador coloca a etiqueta na testa de cada um sem que os participantes saibam o que está escrito.
* Devem andar pela sala por alguns minutos. Não se pode falar nem fazer nenhum gesto que indique o que está escrito nas etiquetas.
* Depois de um tempo, pedir para que as pessoas se aproximem daquelas mais interessantes de acordo com a palavra que levam na testa.
* Para refletir sobre essa atividade, devemos nos perguntar o que houve, como nos sentimos, que conclusões tiramos...

TERCEIRO MOMENTO: O ESPAÇO DOS ANTEPASSADOS (SOMOS "NÓS")

"Os outros" são importantes em minha vida. Somos interdependentes: eu sou "pelos outros", "eu sou importante para os outros".

Os álbuns de fotos são uma boa ajuda para vermos com quem nos parecemos.

* Que "marcas" nossa família deixou em nós...
* Com quem de nossa família as pessoas dizem que nos parecemos, e se concordamos ou não.
* Que outras pessoas deixaram "marcas" em nós e quais são essas "marcas"...
* Se as pessoas que vemos nas fotos de nossa família não tivessem nascido, como seríamos?
* Podemos viver sem os outros?

OFICINA 3 | NO FUNDO DE SUAS EXPERIÊNCIAS

QUARTO MOMENTO: O ESPAÇO DA INTIMIDADE – UMA FAMÍLIA HUMANA

Prepare o espaço dando a ele um ar intimista: uma almofada, uma cadeira confortável, um quadro ou um cartaz com rostos de pessoas de diversas raças e costumes, para que sejam observados.

Nós nos perguntamos se as pessoas são muitas. Quantas...?

- Somos todos iguais ou somos diferentes? Em que nos parecemos e em que nos diferenciamos?
- Por que somos diferentes? Por que somos iguais?
- Podemos dizer que todos os seres humanos são "uma família"? Por quê?
- Quem pode ser "pai" ou "mãe" dessa família humana?

QUINTO MOMENTO: O ESPAÇO DA HUMANIDADE – RUMO À TRANSCENDÊNCIA

1. Um poema

Tantas caras, tantos corpos,
Tantas cores diferentes…!
Somos brancos, somos negros,
Amarelos e morenos.

Nós nos damos as mãos
E formamos uma corrente enorme
Com a qual abraçamos o mundo
Onde todos nos amamos.

Somos uma grande família:
Pais, avós e netos,

De todos os países
Que vivem em nosso solo.

Quem é o pai de todos?
Quem nos observa do céu
E, sem que ninguém note,
Cuida e vela nossos sonhos?

Ele nos observa e nós o observamos,
Ele nos chama e respondemos.
Ele quer que sigamos
A paz no universo.

2. Uma música

Somos cidadãos do mundo é uma música que pode ser encontrada na internet.

Pode ajudar uma das duas versões disponíveis no youtube:
https://www.youtube.com/watch?v=xj-rUCvBNmU
https://www.youtube.com/watch?v=JEZCfLtfmN0
A letra da música pode ser encontra no site:
https://www.musicristo.pt/canticos/ver/somos-cidadaos-do-mundo/

Quando propomos a música, sugerimos primeiro ler a letra, muito devagar e fazer uma pausa.

Depois, escutar a música e voltar a ler a letra. Ao final, expressar os sentimentos que tivemos.

Podemos nos perguntar se Deus também é uma "pessoa", quais "marcas" Ele deixou em nós todos e em mim.

3.3 A EXPERIÊNCIA DE ALEGRIA

A alegria pode ter sido má interpretada para a abordagem que estamos fazendo. "Infelizmente", há muito tempo, no ambiente cristão, a alegria tem aparecido unida à frivolidade, ao prazer, e por isso, era repudiável. O puritanismo protestante e uma decadente espiritualidade católica de "Sexta-feira Santa" têm contribuído para aumentar esse equívoco dramático, no qual se considera a alegria como um vício ou concessão ao homem velho e carnal. Por isso pode parecer difícil ver a alegria como um ponto idôneo para a experiência de Deus.

É necessária uma consciência moral pura que permita a espontaneidade do júbilo humano no qual fique clara a presença e a realidade divinas. "Um santo triste é um triste santo", dizia Léon Bloy. Deus é Deus de vivos e a vida é júbilo; Cristo disse que veio nos dar vida em abundância (Jo 10,10) e a "constituição" de sua mensagem leva como título, "As Bem-aventuranças".

Pertence à sabedoria a descoberta da verdadeira alegria e a experiência de que nela se encontra a mesma fonte de júbilo que, por definição, é Deus.

1. Jovens, adultos e idosos

① ITINERÁRIO PEDAGÓGICO

Todos sabemos o que é a alegria, ainda que talvez nos seja difícil poder expressá-la ou defini-la com palavras. A alegria, como outras emoções, é uma experiência que temos de modo pessoal ou junto com outras pessoas, que nasce de ter experimentado, em algo concreto, um crescimento ou plenitude de algum aspecto da vida: os primeiros passos de um bebê ou de uma criança que vai ganhando sua própria independência, o êxito de algo que dá segurança à minha vida, o sentimento de comunidade unida e forte... Todos são sentimentos, de um modo ou outro, vinculados à vida.

Quando temos que traçar nosso roteiro experiencial para a experiência de Deus, devemos começar, assim como em outras oficinas, por passos muito "externos", que pouco a pouco vão sendo interiorizados e, simultaneamente, sendo abertos à transcendência.

Recordamos a necessidade do caderno pessoal no qual cada um vá anotando suas impressões e sentimentos, e do acompanhamento pessoal do animador ou catequista que ajudará a ir amadurecendo esses sentimentos, descobrir a riqueza da própria pessoa e seguir o processo pessoal que pode conduzir ou não à experiência da transcendência, à experiência de Deus.

AMBIENTAÇÃO

O primeiro passo é evocar a diversidade de modos de parecer e ser a alegria. Não se trata de dedicar a isso uma "sessão", como fazemos na catequese, mas algo que vá aparecendo de vez em quando e pode ser uma "preparação remota" conectada ou não com outros passos ou atividades subsequentes.

A unidade espaço-tempo não é tão fixa nessas oficinas como em uma "catequese". É possível escolher, em diversos momentos, diferentes textos que ajudem a dar esse primeiro passo: descobrir diversas realidades que se encontram por trás da palavra "alegria".

PRIMEIRO MOMENTO: A ALEGRIA COLETIVA

Há muitos momentos da vida nos quais sentimos a alegria, principalmente quando participamos de uma "festa popular", por exemplo. Mas devemos refletir sobre ela para entender quais elementos são os que causam essa alegria coletiva que se vive em um acontecimento desse tipo: o consumo excessivo de álcool, a discoteca, um acontecimento esportivo (uma final de futebol, de basquete, de tênis...), as festas religiosas ou não...

- Por que estamos alegres?
- Que tipo de alegria fomentam esses acontecimentos vividos?
- É preciso "perder o controle" para ficar "contente"?
- Estar contente é a mesma coisa que estar alegre?

A alegria às vezes surge na convivência. A palavra "convivência" pode causar equívocos evocando essas atividades que se realizam na pastoral, com um tempo "forte" dentro da programação do curso, da catequese. Aqui não se trata disso, mas simplesmente de passar um dia juntos, sem mais pretensão, um dia para conviver e se divertir. O objetivo é contrastar a experiência vivida anteriormente (uma festa popular etc.) e essa outra experiência de passar um dia juntos preparando as coisas materiais, comendo, brincando, cantando ou contando piadas, ou talvez entrando em outras profundidades...

Também é preciso aprender a distinguir o "riso" da "alegria" e, mais ainda, do "júbilo"... A alegria não se mede por gargalhadas, mas é um estado de ânimo que tem a ver com a realização ou plenitude de diversos aspectos na qual a vida se realiza em plenitude, tanto biológicos quanto físicos, como pessoais ou comunitários, espirituais e psicológicos.

SEGUNDO MOMENTO: MINHA ALEGRIA PESSOAL

Há pessoas que vivem a alegria de outro modo: por dentro, a partir das dificuldades da vida e outros. Isso também é alegria e essas pessoas podem nos abrir um novo horizonte.

Mas uma pessoa pode se lembrar de suas próprias alegrias, ao longo da vida ou no movimento da vida no dia a dia, e analisar que tipo de alegria vive e se vale ou não a pena, e por quê.

TERCEIRO MOMENTO: UMA ALEGRIA PLENAMENTE HUMANA

Como experimentar todos juntos uma verdadeira alegria, como algo mais profundo, que não termina em gargalhadas em um ou muitos momentos, mas que, sim, faz parte de um estado de ânimo mais permanente que procede da reconciliação consigo mesmo, com os outros, com o sentido da vida e do universo?

Apenas criando uma atmosfera de intimidade é possível a confiança pessoal e vital espontânea e contagiante. A expressão sincera da própria situação pode criar essa atmosfera de intimidade, de sensação de união no grupo, de "sentir-se bem" na vida. E tudo isso pode causar uma paz profunda, pessoal e coletiva que deveríamos chamar de verdadeira "alegria".

Mas essa alegria profunda não acontece apenas na convivência, na relação interpessoal. A noite e o céu estrelado são uma experiência que pode ser muito profunda para que eu me confronte com quem eu sou em meio ao universo. Uma experiência "envolvente" na qual a pessoa se sente "pertencendo" a algo maior que si mesmo e maior que o "nós" ao qual chegamos até aqui.

QUARTO MOMENTO: RUMO À TRANSCENDÊNCIA

Mas além de tudo, a experiência antropológica fundamental é "a pergunta". Confiamos no que toda pessoa tem dentro de si. Até agora temos falado de alegria, mas a alegria está intimamente unida à felicidade. É preciso provocar a inquietude, a "busca" pessoal para ir "mais além" de tudo, brincando com o contraste entre a felicidade que todos procuramos e a contradição com o que vivemos:

- É possível ser feliz?
- Quem ou o quê pode nos tirar dessa contradição?

Um passo adiante nessa busca pessoal é perguntar às pessoas de fé que, talvez, a partir de sua própria experiência, possam oferecer caminhos, passos, marcas, para quem realmente sente a inquietude da própria interioridade.

Ao final, há um último momento no qual, a partir da própria interioridade, pode-se deixar iluminar por Deus, que habita seu coração ainda que a própria pessoa não tenha consciência disso.

A oficina fica aberta ao processo pessoal de cada um.

② DESENVOLVIMENTO DA OFICINA

AMBIENTAÇÃO: TEXTOS E MÚSICAS

Textos e canções que podem nos aproximar ao que é a alegria e que podem nos provocar sentimentos, ideias, comentários para nos fazer seguir.

- Os textos, que serão lidos, podem ser acompanhados por música instrumental.
- As canções podem ser ouvidas ou assistidas em vídeos, que podem ser encontrados na internet.

O riso

Tira-me o pão, se quiseres,
tira-me o ar, mas não
me tires o teu riso.

Não me tires a rosa,
a lança que desfolhas,
a água que de súbito
brota da tua alegria,
a repentina onda
de prata que em ti nasce.

A minha luta é dura e regresso
com os olhos cansados
às vezes por ver
que a terra não muda,
mas ao entrar teu riso
sobe ao céu a procurar-me
e abre-me todas
as portas da vida.

Meu amor, nos momentos
mais escuros solta
o teu riso e se de súbito
vires que o meu sangue mancha
as pedras da rua,
ri, porque o teu riso

será para as minhas mãos
como uma espada fresca.

À beira do mar, no outono,
teu riso deve erguer
sua cascata de espuma,
e na primavera, amor,
quero teu riso como
a flor que esperava,
a flor azul, a rosa
da minha pátria sonora.

Ri-te da noite,
do dia, da lua,
ri-te das ruas
tortas da ilha,
ri-te deste grosseiro
rapaz que te ama,
mas quando abro
os olhos e os fecho,
quando meus passos vão,
quando voltam meus passos,
nega-me o pão, o ar,
a luz, a primavera,
mas nunca o teu riso,
porque então morreria.

Pablo Neruda

A alegria

Nossa alegria é nossa tristeza sem máscara.

E o mesmo poço do qual vem nosso riso com frequência anda cheio de nossas lágrimas. E poderia ser de outro modo?

Quanto mais fundo nosso pesar toma nosso coração, mais alegria poderá ter.

Não é a taça que guarda nosso vinho a mesma taça que foi fundida no forno do ceramista? O alaúde que serena nosso espírito, não é a mesma maneira que foi talhada com navalhas?

Quando tremermos de alegria, observemos o fundo de nosso coração e comprovaremos então que aquilo que nos causa dor e tristeza também nos deu alegria. Quando trememos de tristeza, devemos observar de novo nosso coração e comprovaremos que estamos chorando pelo que antes foi nossa alegria.

Alguns de nós dizem: "A alegria é superior à tristeza", e outros: "Não, a tristeza é superior".

Mas digo que ambas são inseparáveis. Juntas chegam, e quando uma se senta a nosso lado na mesa, a outra espera dormindo na cama. Na verdade, estamos suspensos, como o fiel de uma balança, entre nossa alegria e nossa tristeza. Somente quando estamos vazios nos sentimos quietos e equilibrados. Quando o guardião do tesouro nos chamar para pesar seu ouro e sua prata, nossa alegria ou nossa tristeza farão oscilar de um lado ou de outro no fiel da balança.

Kahlil Gibran

A música *É preciso saber viver*, de Roberto Carlos e Erasmo Carlos , disponível na internet (youtube) poderá ser utilizada explorando a letra e o que pode contribuir a reflexão desenvolvida na oficina.

Tempo de alegria, música de Ivete Sangalo, disponível na internet pode ser cantada e sua letra ser conteúdo para conversar sobre o modo de viver a alegria.

Ode ao dia feliz

DESTA vez deixa-me
ser feliz,
nada aconteceu a ninguém,
não estou em parte alguma,
acontece somente
que sou feliz
pelos quatro lados
do coração, andando,
dormindo ou escrevendo.
O que vou fazer, sou
feliz.
Sou mais inumerável
que o pasto
nas pradarias,
sinto a pele como uma árvore rugosa
e a água abaixo,
os pássaros acima,
o mar como um anel
em minha cintura,
feita de pão e pedra, a terra
o ar canta como um violão.

Tu ao meu lado na areia,
és areia,
tu cantas e és canto,
o mundo
é hoje minha alma,

canto e areia,
o mundo
é hoje tua boca,
deixa-me
em tua boca e na areia
ser feliz,
ser feliz porque sim, porque respiro
e porque tu respiras,
ser feliz porque toco
teu joelho
e é como se tocasse
a pele azul do céu
e seu frescor.

Hoje deixa-me
a mim só
ser feliz,
com todos ou sem todos,
ser feliz
com o pasto
e a areia,
ser feliz
com o ar e a terra,
ser feliz,
contigo, com tua boca,
ser feliz.

Pablo Neruda

PRIMEIRO MOMENTO: A ALEGRIA COLETIVA

Sugerimos algumas atividades ou momentos, que podem acontecer ou não. Pode ser que pensemos em outras coisas. O objetivo é ir entrando, pouco a pouco, no sentido da experiência da alegria.

1. A festa

Na vida há muitos momentos de festa, nos quais vivemos a alegria "ruidosamente". Todo mundo está alegre, todos riem, conversam, bebem, gritam, comemoram, também sofrem etc. É preciso aproveitar essa experiência de uma noite de "excessos de bebida", uma tarde-noite de dança, uma final de futebol, de basquete, de tênis..., as festas religiosas ou não... um show...

Uma vez vivida a experiência, é preciso refletir:

- Como vivemos.
- Se temos sido felizes e por quê.
- Se houve momentos de alegria: quais e por quê.
- Se temos vivido momentos de tristeza, de chateação, de tensão: quais e por quê.
- As pessoas que estavam ali, estavam alegres? Sentiam-se felizes? Por quê?
- Dizer todas as coisas positivas que temos vivido e por quê.
- Dizer as coisas que nos pareçam ser negativas e por quê.
- O que sobrava, o que faltava?
- Qual tem sido sua utilidade?

2. A convivência

Em contraste com o vivido anteriormente, uma convivência é "outra coisa", por mais que seja uma convivência sem nenhuma outra pretensão além de estar feliz como grupo, passando bem e gozando da amizade, da colaboração e da convivência.

A "caixa dos biscoitos"

- Uma sugestão: ao longo do tempo, cada membro do grupo pode ir anotando em um *post-it* gestos de alegria, de riso, de júbilo... sentimentos agradáveis experimentados por menores que sejam, que a própria pessoa vai sentindo ou vê refletidos nos outros...
- Os pequenos papéis vão sendo introduzidos ao longo do tempo de uma maneira espontânea em uma caixa, como um cofre, que chamaremos de "caixa dos biscoitos" e que será colocada em um lugar visível.

O que é preciso fazer?

- É preciso **escolher o lugar**: pensar juntos em qual vai ser o lugar no qual teremos esse dia de convivência, um lugar propício para o diálogo, o intercâmbio, o repouso, a espontaneidade, o humor e a brincadeira. Já a preparação pode ser um momento de repouso que de alguma maneira vá criando um clima agradável por meio de piadas, brincadeiras e atividades entre os participantes.
- Pensar como e onde **comer**. O preferível é que seja em casa e com a contribuição, em parte, do que cada pessoa levou: salgados, refrescos, sobremesas, frutas etc.
- Pode-se pensar também na possibilidade **de visitar algum ponto de interesse** ao redor (um monumento, uma igreja ou outro), se há espaços de descanso ou banheiro .
- É preciso pensar na **forma de transporte**, logicamente segundo a distância do lugar escolhido e os meios de locomoção dos que se dispõem. A pé, caminhando, de bicicleta, de trem, de carro...

Programar

- Ao chegar, o primeiro de tudo será preparar o lugar (onde são deixadas as coisas, onde vamos estar, ver se há cozinha e utensílios, sanitários, quartos etc.) Como a intenção não é passar a noite, não serão necessárias muitas coisas...

- A partir daqui, é preciso pensar no que vai fazer e distribuir o tempo: alguns podem preparar a comida, outros podem prever a visita que irão fazer, local do banho ou de passeio etc.
- É preciso prever um tempo para a convivência na qual se possa dar um tempo para as conversas, para os encontros pessoais, para a interiorização ou reflexão, ou algum assunto que se tenha entre as mãos...

A comida

- A comida é algo muito importante. É preciso escolher o cardápio segundo o que cada um tenha trazido ou se tiver que comprar o necessário.
- Terá que distribuir os trabalhos: quem vai preparar a comida, quem vai se encarregar de lavar a louça ou arrumar a mesa etc.

As atividades

- Deixa-se a ambientação da sala à imaginação e criatividade do grupo, levando em conta que se trata, antes de mais nada de passar um tempo bem e de desfrutar juntos.
- Pode-se dedicar um tempo a passear juntos, assim que estiver totalmente preparado, ou tomar um banho se o tempo e o lugar permitirem, ou talvez preparar brincadeiras, uma peça de teatro, canções...
- Depois, vem a hora da comida. E depois , uma boa sobremesa, jogos de carta, uma caminhada etc.
- Após o descanso, é o momento de fazer algumas brincadeiras e dinâmicas já conhecidas dos participantes ou selecionar algumas que aparecem na internet.
- No meio da tarde, depois do lanche, o turismo. Passeios, visita turística, se não tiver ocorrido...
- E, finalmente, esse tempo de conversa tranquila, de comentar algum desses assuntos que estão pendentes, situações a resolver etc. E abrir "a caixa de biscoitos" para ir lendo e comentando as experiências anotadas vividas pelos diversos membros do grupo ao grupo.

Síntese e reflexão

- Ao final, o momento mais importante é o de comparar o vivido naquele dia com a experiência vivida no dia da festa na noite do "excesso de bebida", ou a dança, as férias...
- Talvez possamos fazer essas mesmas perguntas que indicamos antes e tirar conclusões:
- Como temos vivido.
- Se temos vivido bem e por quê.
- Se temos sido felizes e por quê.
- Se há ocorrido momentos de alegrias: quais e por quê.
- Se temos vivido momentos de tristeza, de chateação, de tensão: quais e por quê.
- As pessoas que estavam ali estavam alegres? Sentiam-se felizes? Por quê?
- Dizer todas as coisas positivas que temos vivido e por quê.
- Dizer as coisas que nos pareçam ser negativas e por quê.
- O que sobrava, o que faltava?
- Qual tem sido sua utilidade?
- Ao final: onde e como se dá a verdadeira alegria

3. O riso, a alegria, o júbilo

Depois de todas essas experiências, é o momento de fazermos um "apanhado" do que vamos vivendo para distinguir, a partir das mesmas vivências, o que só causa "riso", o que é, de verdade, "alegria" e, além disso, o que pode ser o "júbilo".

Pode-se aproveitar, em algum momento, a "caixa de biscoitos".

- Devem ser colocadas, sobre uma mesa, três cestos, caixas ou recipientes.
- Sobre cada um deles deve haver um cartaz com as seguintes palavras: RISO, ALEGRIA, JÚBILO.
- Pega-se a "caixa de biscoitos" e dela devem ser retirados os *post-its* colocados ali ao longo do dia de convivência.
- Sucessivamente, devem ser lidos de novo, em voz alta, o que foi escrito, e o grupo, de acordo com seus critérios, decidem em quais cestos devem ser colocados os papéis conforme tiverem a ver com risos, alegria ou júbilo, discutindo por quê.
- Assim, distinguimos a alegria superficial da alegria profunda indicando que todas elas são boas, mas diferentes.

O ser humano é chamado a viver a alegria profunda que é a que mais ajuda a crescer e a dar sentido pleno a sua vida. Só assim somos felizes de verdade.

SEGUNDO MOMENTO: MINHA ALEGRIA PESSOAL

A partir de agora, as atividades que podem ser realizadas devem ser feitas como trabalho pessoal.

O animador ou catequista, nesse caso, tem um papel muito importante. Está ali para algo mais personalizado, ainda que, em algum momento, principalmente se a atividade for assistir a um filme, as pessoas possam se juntar em grupo ou com alguns amigos. Contudo, a personalização é imprescindível.

1. Testemunhos

São pessoas que expressam sua própria vivência pessoal do que para elas é a alegria. Algo profundo que cada um viveu de um modo diferente e que, dessa maneira, nos ajuda a interiorizar esse sentimento em nossa vida pessoal. De alguma maneira, partimos de algo exterior a nós para ir entrando em nossa própria aventura interior.

Algo que nos comove e transforma

"…O conceito de revelação, no sentido de que de repente, com indizível segurança e fineza, se deixa ver, se deixa ouvir, algo que comova e transtorne uma pessoa da maneira mais profunda… Ouve-se, não se procura… Para receber, não se pergunta quem dá…

Um êxtase cuja tensão se destaca às vezes em um intenso choro… Um completo estar fora de si, com a claríssima consciência de um sem número de sensíveis temores e estremecimentos… Um abismo de felicidade… Uma cor necessária em meio à superabundância de luz…

Tudo acontece de modo quase involuntário, mas como em uma tormenta de sentimento de liberdade, de incondicionalidade, de poder, de divindade… não se tem nenhum conceito…

O que é imagem, o que é símbolo, tudo se oferece como a expressão mais próxima, mais exata, mais simples… como se as coisas se aproximassem e se oferecessem para símbolo."

Friedrich Nietzsche

O presente de um pôr do sol

"Há alguns anos, quando visitava uma província de jesuítas na América Latina, fui convidado a celebrar a eucaristia em um subúrbio, em uma favela, em um dos lugares mais pobres da região. Umas cem mil pessoas viviam ali no meio do bairro, porque aquele subúrbio estava construído em uma depressão que enchia de água quando chovia...

A missa aconteceu embaixo de uma espécie de cobertura em más condições, sem porta, com cachorros e gatos entrando e saindo livremente. Mas apesar de disso, o resultado foi incrível. O canto repetia: 'Amar é dar-se... Que lindo é viver para amar e que ótimo é ter para dar!'

À medida que o canto avançava, senti que se formava um grande nó na minha garganta. Tive que fazer um grande esforço para continuar a missa. Aquelas pessoas, que pareciam não ter nada, estavam dispostas a dar a si mesmas para transmitir aos outros a alegria, a felicidade...

Minha homilia foi curta. Foi, acima de tudo, um diálogo. Contaram-me coisas que não costumamos ouvir nos discursos importante, coisas simples, mas profundas e sublimes...

Ao terminar a eucaristia, um homem corpulento, com aparência de delinquente e que era quase de dar medo, me disse:

– Vamos à minha casa. Tenho um presente para você.

Eu, indeciso, não sabia bem se deveria aceitar, mas o jesuíta que me acompanhava disse:

– Aceite, padre, são ótimas pessoas.

Assim, fui com ele a sua casa, que era uma barraca meio destruída, e ele me convidou a sentar em uma cadeira desconjuntada. Da minha cadeira, eu conseguia admirar o pôr do sol.

O grandão me disse:

– Veja, senhor, que belezura!

Ficamos em silêncio por alguns minutos. O sol desapareceu. O homem exclamou:

– Não sabia como agradecer por tudo o que fazem por nós. Não tenho nada para dar ao senhor. Mas pensei que gostaria de ver esse pôr do sol. O que acha dele?

E me deu a mão."

Pedro Arrupe

Belas recordações

"Hoje faz oito anos que nos sentamos na frente da lareira. Vocês tinham me presenteado com o Concerto em Lá Maior para violino e escutávamos todos juntos. Depois, falamos de Harnack (teólogo alemão) e dos tempos passados, coisa que por algum motivo os agradou muito e, por fim, decidimos de modo definitivo nossa viagem à Suécia.

Um ano depois, vocês me deram a Bíblia de Setembro com uma bela dedicatória com seu nome. Depois, vieram os seminário de Schönwitz e Sigurdshof; muitos dos que comemoraram aquele aniversário conosco já não estão neste mundo.

Os cânticos na porta, a pregação no momento do ofício divino, aquela da qual você se encarregou naquele dia, a canção de Cláudio, que devo a Gerhard, todas essas lindas lembranças, contra as quais nada consegue fazer a terrível atmosfera deste lugar, permanecem vivas em minha lembrança."

Dietrich Bonhoeffer

Fundir-me com todos os seres

"A mim, parecia que preenchia, com minha breve existência, todos os objetos que percebia... Não tinha a menor noção clara de meu indivíduo... Sentia em todo o meu ser uma calma encantadora, com a qual, sempre que me lembro, não considero nada de comparável em todas as atividades dos prazeres conhecidos... Sinto êxtase, impulsos inexpressáveis de me fundir, por assim dizer, ao sistema dos seres, de me identificar com toda a natureza."

Jean-Jacques Rousseau

A evidência da felicidade

"Um prazer delicioso me invadiu, me isolou, sem noção do que o causava. E ele tornou as vicissitudes da vida em indiferentes, seus desastres em inofensivos e sua brevidade em ilusória, tudo isso da mesma maneira com que age o amor, enchendo-se de uma essência preciosa; mas, melhor dizendo, essa essência não era algo que estava em mim, era eu mesmo. Deixei de me sentir medíocre, contingente e mortal... Qual pode ser esse estado desconhecido que não traz consigo nenhuma prova lógica, mas evidência de sua felicidade, de sua realidade junto a qual desaparecem todas as realidades restantes?"

Marcel Proust

> ### San Felipe Neri
>
> San Felipe Neri (1515-1595) sempre foi uma pessoa alegre, tanto que até os palhaços o têm como patrono. Há anos (1983), a RAI italiana produziu um filme sobre sua vida, dirigido por Luigi Magni. Nele, podemos ver como é e de onde nasce a alegria desse homem e das crianças a quem ele atendia em Roma. Na internet é muito fácil de encontrar, com legendas em castelhano: *Sed Buenos... si podeis.* Podem vê-lo e aproveitar. Vale a pena.

Refletimos e tiramos conclusões:

- Que sentimentos cada texto faz surgir?
- Onde cada um deles coloca a experiência de alegria, de paz, de felicidade?
- Como é essa experiência?
- O que causa esse sentimento?
- Você se identifica com alguma dessas experiências? Por quê?
- Você já viveu algo parecido? Onde? Quando? Como?

2. Autobiografia

É necessária a reflexão pessoal, ainda que o grupo talvez possa ajudar. Fazemos isso em algum momento que cada um escolha, ou vamos juntos um dia qualquer, com tempo bom e temperatura agradável, a um lugar tranquilo, longe da cidade, em uma casa de campo. É um dia de reflexão pessoal.

Ao longo de todo esse tempo, temos vivido muitas coisas: a festa, a convivência, as canções, os poemas etc. Agora já sabemos que a alegria não é a mesma coisa que o riso, e sentimos que aspiramos a algo mais profundo. Mas queremos nos olhar no espelho de nós mesmos e reconhecer quando e como vivo momentos de verdadeira alegria. Este texto pode nos ajudar:

Descobrir e conquistar a alegria

"A alegria é algo que pode ser descoberta. Não é um mistério desconhecido e inalcançável. A alegria está dentro de nós, porque o que temos dentro de nós é a própria vida. E a vida tende a se expandir, a se realizar com todas as suas possibilidades. Mas a alegria não é apenas algo para mim: a alegria se descobre na relação, porque viver é se relacionar: amar, ser amado e chorar o perdido quando o amor acaba. Somos feitos de barro e o barro é frágil. Mas não devemos nos desesperar. A alegria também é uma conquista. E é perdão. A vida tende sempre a seguir em frente. Por isso a alegria se descobre e se aprende.

A criança descobre a alegria ao sentir sua própria vitalidade e seu próprio corpo em perfeito funcionamento. Os sentidos que a abrem à vida te ensinam a descobrir as primeiras alegrias, claramente instintivas. De forma prazerosa, a pele "se alegra" nos beijos e nas carícias da mãe; os olhos disfrutam e se alegram com a variedade e matizes de formas e cores; a boca se alegra com o prazer causado pela sucção do peito materno, e o ouvido se alegra com os sons harmoniosos.

Paulatinamente, o ser humano vai evoluindo até uma alegria menos sensitiva e corporal e mais interior, profunda e espiritual na medida em que alcança a completa maturidade mental e psíquica. A paz interior, a harmonia e o entendimento com nós mesmos e a aceitação da realidade que nos tem feito viver, preparam o caminho para essa alegria sublime que coloca em paz o homem consigo mesmo e com os outros, e que só é possível encontrar encadeada e associada aos sentimentos mais nobres que habitam o coração humano."

Cada um, em solidão, pensa nas alegrias – pequenas ou grandes – que existem em sua vida: em sua família, no trabalho, com os amigos, em seu parceiro, em si mesmo... e dá rosto, vozes, lugares e situações.

- Quem nos causa essa alegria agora?
- Escrever, desenhar, compor uma canção, escrever um poema, uma carta a si mesmo...: Sou feliz? Por quê? Como são minhas alegrias: momentos isolados ou um estado de ânimo permanente?

- Que coisas me causam alegria? Valem a pena? São duradouras?
- O que tenho e o que não tenho? Como me sinto? Há remédio para isso? Sou seu dono?

Se for feito um trabalho em grupo, pode-se comentar o vivido ajudando uns aos outros a encontrar a alegria e a mantê-la. Para isso, precisamos ser sinceros.

TERCEIRO MOMENTO: UMA ALEGRIA PLENAMENTE HUMANA

1. Nos sentirmos juntos e viver

Pode acontecer numa tarde ou noite em que, sem programar, a experiência aconteça. O animador ou catequista tem que estar atento para a ocasião em que isso ocorra. Pode ser algo organizado, mesmo que, sempre, o "preparado" seja mais difícil por ser artificial.

Quem dirige essa experiência tem que conhecer bem os "pontos fracos" e os "pontos fortes" de cada um para poder utilizá-los. Pode ser uma "reunião" depois de uma cena de grupo ou em outro momento: em relação à projeção de um filme como *A Festa de Babette*, *A vida no paraíso*, *O último concerto* ou outro, algo que nos motiva a falar do grupo unido na diversidade, o grupo como possibilidade de nova vida.

No entanto, o espaço mais favorável é a noite e perto do fogo, como se vivia quando existia "fogo de acampamento". Pode acontecer também na frente de uma lareira. Se não for possível, pode ser ao redor de uma mesa grande, com uma vela no centro ou com cada pessoa segurando uma vela. Pouca luz.

É um momento adequado para as confidências compartilhadas nas quais o grupo todo se sinta bem, à vontade, todos juntos, desfrutando de um clima de paz...

O animador mantém em mente alguns desses assuntos de conversa ou outros parecidos:

- Que lembranças temos vivido juntos e que fizeram com que nos sentíssemos bem como grupo?
- Talvez algum momento de reconciliação?
- Talvez algum sucesso obtido entre todos?

- Algum acontecimento que tenha sido muito especial para você?
- Alguma pessoa que foi para nós um vínculo de união e de crescimento?
- Como podemos viver unidos a partir da diversidade que temos?
- Temos experiência disso?

O que procuramos é uma experiência de plenitude grupal que nos encha de "oxigênio vital". Isso não pode acontecer mais do que em um grupo que já tem uma trajetória histórica, que pode dar lugar a este compartilhar de experiências profundas e contagiantes.

Para acabar, e "quando as velas já estiverem gastas", podemos cantar juntos alguma canção tranquila e contagiante que faça com que nos sintamos mais unidos.

2. Observando as estrelas: "Somos tudo"

Mais uma vez saímos juntos, em grupo, dessa vez, por exemplo, para observar as estrelas. Outros participantes e os animadores podem saber e aproveitar. Não é apenas para contar estrela. Não é uma atividade de "astronomia", que às vezes são tão boas: descobrir as constelações e dizer seus nomes, por exemplo.

O que procuramos são momentos nos quais possamos sentir a imensidão do universo e sua paz perene. Sentir-se envolvo no silêncio da noite fazendo parte deste planeta e do universo. Algo maior do que cada um e do que o grupo, que nos coloque em conexão com o universo e com a terra e que nos enche de paz intensa, ao mesmo tempo em que nos sobressalta e talvez nos provoque perguntas.

Os sentimentos apresentados na *Oração por serenidade, de Anselm Grün, ajudam a pensar.*

Oração por serenidade

Bom Deus! Eu perco o equilíbrio facilmente. Incomoda-me quando o meu vizinho tosse de forma estranha.

Eu não consigo desprender-me de coisas que não deram certo. Eu me exalto, sempre de novo, porque as coisas poderiam ser diferentes. Eu culpo a mim e aos outros.

Presenteia-me com espírito da serenidade, para que eu possa, simplesmente, soltar as coisas passadas.

Dá-me a capacidade de soltar antigas mágoas, e de não utilizá-las como pretexto para não me levantar e viver.

Às vezes, sinto-me impulsionado a influenciar outras pessoas, a ensinar-lhes para que, enfim, compreendam aquilo que está claro para mim.

Dá-me o dom da serenidade, para que eu deixe as pessoas serem como são, que eu aceite uma situação, sem me aborrecer com ela constantemente e que, eu mesmo, possa entregar-me.

Faze-me soltar tudo que me impede de viver o momento presente.

Faze-me soltar, principalmente, todas as minhas próprias imagens, para que resplandeça, em mim, a tua imagem, aquela que de mim fizeste.

GRÜN, A. *Meu livro de orações.*
Petrópolis: Vozes, 2015, p. 135.

Reflitamos:

Nenhuma dessas experiências pode permanecer sem reflexão, pessoal ou em grupo. É hora de perguntarmos a nós mesmos o que é a alegria, depois de tudo o que passamos. Hierarquizar os tipos de alegria que temos vivido.

- Que tipo de alegrias poderiam – ou deveriam – ser estados de ânimo permanentes, por que e como conseguir?
- Alegria e felicidade são a mesma coisa?

QUARTO MOMENTO: RUMO À TRANSCENDÊNCIA

Na escala antropológica de estados vitais do ser humano, podemos apreciar um nível além da felicidade, experimentado ao longo da história da humanidade por homens e mulheres que têm deixado seu relato, e por outros que atualmente o vivem, ainda que, naturalmente, as formas de expressão e de representação variem de acordo com as culturas, as sensibilidades, os gostos e os costumes dos povos e dos tempos.

Trata-se de uma convicção inata a qual chamamos de fé e que nasce e se estabelece no coração do ser humano, pelo menos em alguns deles, e que faz com que eles confiem em alguém maior, o totalmente "Outro", mas dessa vez próximo e acessível, digno de admiração, de amor e de respeito. A experiência da presença do transcendente tem levado os místicos e místicas aos maiores momentos de felicidade e júbilo. É o que tem sido chamado de "alegrias máximas".

1. Alguém me convida a ser feliz, apesar de tudo

A proposta é recolher-se a um lugar solitário e agradável, e dedicar um tempo suficientemente grande e tranquilo, sem pressa, para refletir sobre a felicidade. Um rumo possível pode ser este, refletindo lentamente:

- Procurar se concentrar nos grandes desejos de felicidade que moram no melhor do coração do ser humano. Para si mesmo e para os outros sem excluir absolutamente ninguém.
- Com a imaginação, construir um povoado feliz, uma humanidade feliz...
- Anotar os sentimentos que essa imaginação despertam em si mesmo.
- Perguntar a si mesmo, depois, como é possível que as melhores ânsias de todo ser humano estejam no fracasso, no vazio, na frustração...
- Anotar, da mesma maneira, os próprios sentimentos.
- E perguntar a si mesmo: Posso ser feliz de verdade?
- Talvez surja um desejo profundo, um pedido... a quem?

2. Entrevista com uma pessoa de fé

Dentre as pessoas de fé conhecidas (seja de religião ou de confissão: budista, islâmico, cristão...) solicitar uma conversa pessoal, uma entrevista. Talvez estas perguntas sirvam:

- Que tipo de felicidade sua qualidade de pessoa de fé lhe dá?
- Que experiência tem de comunicação com Deus, com o "transcendente"?
- Deus é a fonte da alegria?

3. Um tempo de meditação: A fonte

Realizamos outro exercício pessoal para um tempo de meditação de Anthony de Mello:

A fonte[13]

Procuro estabelecer con-
tato com minha sede
De felicidade…
De paz…
De amor…
De verdade…
De algo muito Superior a mim,
Não sei exatamente o quê.

Logo recito os seguin-
tes textos da Escritura
Para expressar tal sede:

O primeiro texto é um grito.
Diz assim: "Ó, Deus, tu és
meu Deus; a ti procuro,
minha alma tem sede
de ti!" (Sl 63,1)

Enquanto repito cada texto
Como se fosse um mantra,
Deixando que pene-
tre em meu coração,
Volto minha atenção
para uma palavra,
Em uma frase do texto
Que me seja mais evoca-
dora do que as outras.

E deixo que minha men-
te crie alguma imagem
Ou alguma cena
(talvez de minha própria história)
que simbolize o texto
que meu coração recita.

O segundo texto é um convite:
"Se alguém tiver sede,
venha a mim
e beba". (Jo 7,37)

O terceiro texto é uma promessa:
"Mas quem beber da água que
eu lhe der jamais terá sede.
A água que eu lhe der será
nele uma fonte que jorra para
a vida eterna". (Jo 4,14)

O último texto é o cumprimento:
"O Espírito e a Esposa dizem: 'Vem!'
Aquele que ouve tam-
bém diga: 'Vem!'
Aquele que tem sede venha e quem
quiser recebe de graça a água da vida.
Amém.
Vem, Senhor Jesus!"
(Ap 22,17.20)

---

13 MELLO, Anthony de. *El Manantial*. Santander: Sal Terrae, 1984, p. 186-187.

4. Sem final

Como em todas as oficinas, tudo depende do processo que cada pessoa tem vivido. A experiência de "Deus" não é automática. Mas o trabalho do catequista ou animador pode ajudar nesse caminho. Não só a cada pessoa, mas também ao grupo, com o qual vale a pena se confrontar sempre e desde que o grupo não substitua a reflexão e a experiência pessoal.

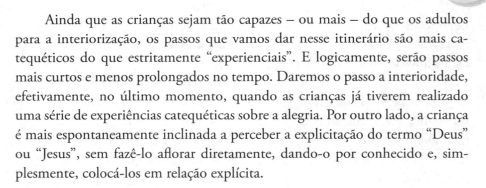

2. Crianças

Ainda que as crianças sejam tão capazes – ou mais – do que os adultos para a interiorização, os passos que vamos dar nesse itinerário são mais catequéticos do que estritamente "experienciais". E logicamente, serão passos mais curtos e menos prolongados no tempo. Daremos o passo a interioridade, efetivamente, no último momento, quando as crianças já tiverem realizado uma série de experiências catequéticas sobre a alegria. Por outro lado, a criança é mais espontaneamente inclinada a perceber a explicitação do termo "Deus" ou "Jesus", sem fazê-lo aflorar diretamente, dando-o por conhecido e, simplesmente, colocá-los em relação explícita.

A oficina segue aberta para continuar dando mais passos ou reiterar os anteriores, tendo como "aliadas" as experiências já vividas da oficina do silêncio.

① ITINERÁRIO PEDAGÓGICO

AMBIENTAÇÃO

A história ou conto, volta a ser, com as crianças, o primeiro passo mais "externo" no qual, simplesmente, tentamos ver motivos diferentes que causam alegria. O conto que propomos neste itinerário é *O trenzinho rosa*, de Marivi Garcia Franco.

PRIMEIRO MOMENTO: A ALEGRIA COLETIVA

Entramos no mundo das experiências. O melhor é que sejam experiências vividas (um aniversário, as festas do colégio, a feira, alguma competição esportiva, dentre outras) e reflitam sobre a experiência de alegria que sentiram nelas. Foi apenas diversão ou algo mais? Se a experiência não for possível, terá que recordar experiências já vividas.

Um princípio fundamental da alegria é sentir-se junto, a experiência de união e de unidade. A desunião pode "estragar" a festa, e isso não é algo que não seja frequente. Das coisas negativas vividas também é possível tirar conclusões. Mas, nesse caso, o essencial é reviver o sentido comunitário da alegria. Também é importante superar a experiência de "como vivemos bem!", perguntando o que significa "viver bem"… Se houver a participação dos pais, acrescentam-se alguns aspectos afetivos importantes, tanto negativos quanto positivos. Devemos insistir, mais uma vez, na importância do acompanhamento personalizado.

Temos diferenciado diversos motivos de alegria, temos descoberto o sentido comunitário da alegria. Mas devemos avançar para saber distinguir o riso (puramente externo e superficial) de alegria (algo mais profundo e humanizador) e do júbilo (que afeta camadas mais profundas da realização pessoal e da relação interpessoal). Como sempre, não nos afastaremos da experiência direta assim como não nos distanciaremos da teoria pura, observando os idosos ou fazendo com que eles mesmos façam encenações. Ainda, as crianças podem aprender nisso sobre o que fazem os adultos, despertando seu senso crítico.

SEGUNDO MOMENTO: TESTEMUNHOS

Já observamos os idosos e suas maneiras de viver a alegria: há momentos de riso, de alegria e de júbilo. A "pedagogia do herói" ou, dito de outro modo, o testemunho das pessoas, é algo tão importante na pedagogia infantil como o conto, a história. O cinema pode ser um bom aliado para isso. Testemunhos como o de São Felipe Neri são um bom exemplo: foi o santo da alegria e do bom humor. O animador deve conhecer um pouco mais o personagem que se propõe a usar como testemunho.

Por outro lado, as crianças de hoje desconhecem exemplo de filmes que, no entanto, não são patrimônio da humanidade. O cinema mudo nos deu maravilhosos exemplos. Mas muitos deles não faziam nada além de despertar o riso fácil (socos, quedas...). No entanto, aproximar as crianças do profundo humanismo da alegria de Charles Chaplin pode ser muito benéfico para conectar a alegria com os valores mais profundos da pessoa: *O garoto*, *Luzes da cidade*, *Tempos Modernos...*

TERCEIRO MOMENTO: UMA ALEGRIA PLENAMENTE HUMANA

Além do conto e da "pedagogia do herói" ou "o testemunho", cada dia se faz mais frequente dar importância à educação da interioridade. Podemos aproveitar a técnica do relaxamento para ajudar a interiorizar motivos mais profundos que causam alegria porque nos tornam mais humanos, aproximando-nos de valores mais profundos da pessoa. Dessa forma, caminhamos em direção a uma maior interiorização e personalização do sentido da alegria, passo essencial para descobrir a presença de Deus nela. São as "Bem-aventuranças da alegria" que nos levam à verdadeira alegria e felicidade, pouco frequentes na sociedade que cerca as crianças.

QUARTO MOMENTO: RUMO À TRANSCENDÊNCIA

Nos aproximamos da imensidão do universo. Que a criança se sinta imersa no "todo" do qual fazemos parte, que nos causa imensa paz e felicidade. Não teorizamos sobre a alegria e a felicidade. Tentamos colocá-la ao alcance da experiência.

E, tratando-se de crianças, espontaneamente mais capazes de abrir-se à transcendência, podemos dar graças a Deus por tudo isso, diretamente. O resto é apenas semente, que pode ou não vingar, de acordo com o cultivo da boa terra. Daí vem a importância, mais uma vez, do acompanhamento pessoal que vem, passo a passo, do processo da pessoa e a ajuda a caminhar.

OFICINA 3 | NO FUNDO DE SUAS EXPERIÊNCIAS

② DESENVOLVIMENTO DA OFICINA

AMBIENTAÇÃO: UM CONTO (*O TRENZINHO ROSA*)

Evocamos, por meio de textos, poemas ou canções, diversos modos de aparecer e ser a alegria. Por exemplo, um conto que mostre como a alegria é maior quando fazemos coisas pelos outros.

O conto pode ser lido como uma apresentação teatral para que os personagens sejam distribuídos.

O trenzinho rosa

"As vias da estação de Villachuchú estavam repletas de trens, trens de todos os tamanhos e formas. Muita gente de todas as regiões e países caminhava ligeiramente pela estação; de vez em quando, alguém solicitava os serviços do atendente:

– Por favor, qual é o trem para Camposar del Lagarto?

– Na linha número 5 – respondia com seriedade o chefe de estação.

Algumas pessoas subiam, desciam, iam e voltavam até se acomodarem em seus respectivos trens.

Mas mais adiante, em uma via quase abandonada, havia um único trem, um trem diferente dos outros; parecia um grande brinquedo tirado de um livro de histórias. Sua máquina era uma caixa grande repleta de janelas. De cima dele surgia uma grande chaminé que, em vez de soltar fumaça, liberava pequenas notas musicais que produziam uma incrível melodia.

Os vagões – só havia três – eram um pouco menores do que os outros, pareciam pequenas salas de estar. Ah! Esquecemos de contar que o trem todo era de uma só cor: cor-de-rosa. Parecia uma flor na estação.

Pela estação daquele trem cor-de-rosa andava muita gente distinta em relação às pessoas das outras estações. Um homem pequeno com um chapéu--coco, que levava na mão direita um grande conjunto de balões de todas as cores, subiu em um dos vagões e se acomodou depressa; a mesma coisa fizeram três crianças, um jovem a quem todo mundo chamava de "o Poeta", levando livros de contos de muitos tamanhos que ia perdendo pela estação; um casal muito, muito velho, que caminhava lentamente, de mãos dadas; um menino com um lenço grande e frascos de tinta de todas as cores, que levava quatro ou cinco pincéis divididos entre os bolsos de sua blusa larga.

Estas e algumas outras pessoas um tanto peculiares eram as que entravam no pequeno trem cor-de-rosa.

– TUUUU...! TUUUU...! – gritavam as chaminés de outros trens, anunciando sua partida.

– FFF, FFF – cantava a chaminé do trem cor-de-rosa dispondo-se a começar sua viagem.

Dentro do trenzinho, todos eram cumprimentados, recebendo as boas-vindas.

– Bom dia, Poeta… O que está fazendo? Escrevendo mais contos para acabar com a infelicidade?

– Sim, isso mesmo, senhor Chapéu-coco. E o senhor, também repartirá seus balões entre todas aquelas crianças que nos fazem sorrir?

– Sim, claro. Há muita gente que precisa que um velho louco com chapéu-coco entregue de presente um pequeno balão azul, para que o sorriso brote em seu rosto e para que se sinta tão feliz quanto uma criança.

– Pois eu – comentou o jovem de frascos de tinta – pintarei, hoje, o melhor de meus quadros. Pintarei a mais bela paisagem que possa imaginar e misturarei as tintas de tal forma que surgirão cores incríveis, nunca imaginadas. Estenderei uma manta no chão e esperarei que as pessoas coloquem nela seus melhores sorrisos, seus olhares mais claros. Tenho que viver, e ontem não ganhei sorrisos suficientes.

– Nós – contavam as crianças, entusiasmadas – vamos, como sempre, ao parque. Queremos que todas as crianças conheçam esse trem. Pensamos dar uma volta com elas nele. Também queremos ensinar a elas a música de sua chaminé para que a cantem quando precisarem de um amigo por perto.

O casal de velhinhos ouvia e sorria, enquanto faziam carinhos nas mãos um do outro.

– Nós – diziam –, vamos presentear amor porque somos apenas dois e nos sobra muito, e não queremos desperdiçar… com o que acaba!

A música da chaminé do trem rosa se misturava com as doces palavras de seus viajantes e juntos formavam a mais linda canção que já se ouviu.

Todos os viajantes desciam na última estação, chamada O MELHOR DOS SORRISOS, e cada um tomava um caminho diferente. Apenas as crianças ficavam perto do trem, revisando suas rodas, fazendo os vagões brilharem e afinando as notas da chaminé. Em pouco tempo, sairiam para passear com todas as crianças que tinham encontrado e o trenzinho rosa tinha que estar com um bom aspecto.

A partir daquele momento, o céu ficava muito mais azul, o sol brilhava mais intensamente, brincando com a paisagem e acariciando docemente as copas das árvores; os pássaros cantavam com mais força, formando um coro especial de cantores alados. Quando o sol começava a se esconder atrás das montanhas afastadas e o céu estendia seu manto escuro para dormir, a estação DO MELHOR DOS SORRISOS voltava a receber os viajantes do trem rosa.

— Boa noite, Poeta, como foi o dia hoje?

— Boa noite, Chapéu-coco. O dia não foi nada mal; espalhei todos os meus contos e consegui escrever um poema que me encheu de felicidade. Amanhã o compartilharei com todo mundo.

— Boa noite, amigos — interveio o garoto de tubos de tinta. — Trago em meu bolso milhares de sorrisos e centenas de olhares. Esta noite, dormirei tranquilo!

As crianças riam enquanto comentavam:

— O dia foi maravilhoso. Enchemos o trem de crianças que riram conosco e prometeram cantar a música da chaminé do trem rosa sempre que precisarem de um amigo.

Acariciando as mãos um do outro e sorrindo, o casal de velhinhos interveio:

— Quanta gente precisa de amor! Dividimos tudo o que levávamos hoje.

— FFF... FFF... — cantava a chaminé do trem rosa. E seus viajantes sorriam em silêncio.

Todos eles sabiam que, enquanto aquele pequeno trem de cor rosa tivesse tantos vagões de modo a parecer um caminho interminável e dentro viajassem tantos corações ansiosos para levar amor e felicidade, a grande estação do mundo se chamaria: O MELHOR DOS SORRISOS."

FRANCO, M.G. *Valores 4: Educação para a convivência.*
Madri: Bruño, 1985, p. 62-64.

Comentamos o conto:

- Por que o trem rosa não é um trem como os outros?
- Como são as pessoas que viajam nesse trem?
- O que essas pessoas fazem pelos outros?
- Quais pessoas você convidaria a entrar no trenzinho rosa?
- Imagine se nesse trem entrassem um artista de cinema, uma enfermeira, um inventor, um vendedor de jornais, um carpinteiro, uma professora, um padre... Como expressariam alegria?
- E se você entrasse nesse trem, o que faria?

Inventamos a música da alegria para cantá-la no trem. Podemos partir de uma música conhecida.

PRIMEIRO MOMENTO: A ALEGRIA COLETIVA

1. A festa

Há muitos momentos da vida nos quais sentimos alegria, principalmente quando participamos de uma festa popular.

- As crianças podem participar ou lembrar de festas que já tiveram. Por exemplo, as festas de aniversário, as festas da escola, competições esportivas, feiras, festas religiosas, dentre outras.
- Depois, é preciso refletir acerca das coisas que causam alegria compartilhada:
- O que te causou alegria nessas festas?
- Foi apenas diversão ou algo mais?
- O que é preciso haver para que essas festas sejam vivias com alegria?

2. O álbum das festas

Ver fotos de festas das quais as crianças tenham participado: festas da escola, carnaval, em parques de diversão, festas populares, religiosas...

- Elaborar um álbum, incluindo embaixo de cada foto uma descrição dessas festas.
- Cada criança pode fazer um resumo, em uma palavra, do que essas festas representam para ela.
- Cada vez que uma criança diz uma palavra, como por exemplo: Alegria! Felicidade! Sorrisos!, os outros devem aplaudir.

3. A convivência

Contrastar uma festa popular com a experiência de passar um dia juntos tendo que preparar as coisas materiais, comendo, brincando, cantando...

- Podem convidar os pais para que, à tarde, depois de comerem, assistam a sua representação e participem com eles na convivência.
- A atividade principal pode ter como protagonista o conto já conhecido de *O trenzinho rosa.*
- O grupo pode se transformar em um novo vagão de *O trenzinho rosa* que ficou no "melhor dos sorrisos".
- Formam-se grupos, e cada grupo escolhe um dos personagens que viajam no trem a fim de preparar coisas para a festa. Por exemplo:

Narrador: Deve ser representado por um menino ou uma menina.

Chefe de estação: Uma criança deve representá-lo.

Crianças: Organizam brincadeiras para todo o grupo.

Senhor de Chapéu-coco: Prepara balões com mensagens dentro deles para todos os companheiros e companheiras.

Pintora: Confecciona murais sobre a amizade e a alegria e se encarrega de decorar o local.

Poetas: Preparam poemas e canções para ensiná-los a seus companheiros.

Idosos: Inventam um teatro sobre a alegria e o apresentam no grupo.

Jornalistas: Fazem uma matéria das experiências vividas na convivência.

Os textos de cada grupo-personagem devem ser ditos por um "representante" do grupo. Não é preciso memorizá-los, eles podem ser lidos.

NARRADOR: As linhas da estação de Villachuchú estavam repletas de trens, trens de todos os tamanhos e formas. Muita gente de todas as regiões e países caminhava ligeiramente pela estação; de vez em quando, alguém solicitava os serviços do atendente:

CHEFE DE ESTAÇÃO: Por favor, qual é o trem para Camposar del Lagarto?

NARRADOR: Mas mais adiante, em uma via quase abandonada, havia um único trem, um trem diferente dos outros; parecia um grande brinquedo tirado de um livro de histórias. Sua máquina era uma caixa grande repleta de janelas. De cima dele surgia uma grande chaminé que, em vez de soltar fumaça, liberava pequenas notas musicais que produziam uma incrível melodia. Ah! Esquecemos de contar que o trem todo era de uma só cor: cor-de-rosa. Parecia uma flor na estação.

Se houver a possibilidade, seria ótimo pegar um trem rosa – só a parte da frente, a fachada – com chaminé, feito com caixas de papelão e pintado de rosa, com janelas e tudo. Atrás das janelas, colocar uma série de assentos enfileirados como são vagões de um trem. Todas as crianças estão na frente, com os elementos que representam seus papéis.

NARRADOR: Pela estação daquele trem cor-de-rosa andava muita gente muito distinta em relação às pessoas das outras estações. Um homem pequeno com um chapéu-coco, que levava na mão direita um grande conjunto de balões de todas as cores, subiu em um dos vagões e se acomodou depressa.

Devem ser colocados os personagens conforme forem sendo citados.

NARRADOR: A mesma coisa fizeram três crianças, um jovem a quem todo mundo chamava de "o Poeta", levando livros de contos; um casal muito velho, de mãos dadas; um menino com um lenço grande e frascos de tinta.

NARRADOR: – TUUUU...! TUUUU...! – gritavam as chaminés de outros trens, anunciando sua partida. – FFF, FFF – cantava a chaminé do trem cor-de-rosa dispondo-se a começar sua viagem. Dentro do trenzinho, todos eram cumprimentados, recebendo as boas-vindas.

SENHOR CHAPÉU-COCO (ao Poeta): – Bom dia, Poeta... O que está fazendo? Escrevendo mais contos para acabar com a infelicidade?

O POETA: – Sim, isso mesmo, senhor Chapéu-coco. E o senhor, também repartirá seus balões entre todas aquelas crianças que nos fazem sorrir?

SENHOR CHAPÉU-COCO: – Sim, claro. Há muita gente que precisa que um velho louco com chapéu-coco entregue de presente um pequeno balão azul, para que o sorriso brote em seu rosto e para que se sinta tão feliz quanto uma criança.

O PINTOR: – Pois eu pintarei, hoje, o melhor de meus quadros. Pintarei a mais bela paisagem que possa imaginar. Estenderei uma manta no chão e esperarei que as pessoas coloquem nela seus melhores sorrisos, seus olhares mais claros.

NARRADOR: As outras crianças diziam que queriam ir ao parque. Para que todas as crianças conhecessem aquele trem.

IDOSOS: – Nós vamos presentear amor porque somos apenas dois e nos sobra muito, e não queremos desperdiçar... com o que acaba!

NARRADOR: Todos os viajantes desciam na última estação, chamada O MELHOR DOS SORRISOS, e cada um tomava um caminho diferente.

Todas as crianças saem do trem e se juntam a seus respectivos grupos para realizar suas "tarefas" conforme o explicado no começo. É um momento de brincadeira e diversão entre todos. Depois dessa atividade, os representantes de seus grupos vão voltando ao "trem" à medida que o Narrador vai falando.

NARRADOR: Quando o sol começava a se esconder atrás das montanhas afastadas e o céu estendia seu manto escuro para dormir, a estação DO MELHOR DOS SORRISOS voltava a receber os viajantes do trem rosa.

As crianças vão voltando e vão subindo no trem.

CHEFE DE ESTAÇÃO: – Boa noite, Poeta, como foi o dia hoje?
SENHOR CHAPÉU-COCO: – O dia não foi nada mal; distribuí todos os meus contos, minhas histórias, e escrevi mensagens para todas as crianças.
O PINTOR: – Boa noite, amigos. Eu pintei muitas coisas e coloquei cores em muitos lugares.

NARRADOR: O dia foi maravilhoso. Preenchemos o campo de cores e nos divertimos muito...
IDOSOS: – Quanta gente precisa de amor! Dividimos tudo o que levávamos hoje.
NARRADOR: – FFF... FFF... – cantava a chaminé do trem rosa. E seus viajantes sorriam em silêncio. Todos eles sabiam que, enquanto aquele pequeno trem de cor rosa tivesse tantos vagões de modo a parecer um caminho interminável e dentro viajassem tantos corações ansiosos para levar amor e felicidade, a grande estação do mundo se chamaria: O MELHOR DOS SORRISOS.

Como já ensaiaram, podem convidar os pais para que à tarde, assistam à apresentação. No momento certo, não precisam preparar o que fizeram de manhã, mas apresentar a seus pais procurando, em todo momento, sua participação ativa. Pode terminar com um lanche preparado pelos animadores, catequistas e pelos pais, juntos.

Posteriormente, terá que avaliar a convivência, contrastando-a com as outras festas já vividas.

4. Observamos nossa casa

O riso, a alegria e o júbilo são coisas muito diferentes. Cada criança, em sua casa, faz uma "Caixa", e durante uma semana, deve ir escrevendo e anotando, em papéis, os momentos de risos, alegria ou júbilo vivido. Por exemplo:

- Momentos de riso: Uma piada, uma brincadeira com os amigos, momentos de diversão e outros.
- Momentos de alegria: Um bilhete, um elogio do professor, um presente...
- Momentos de júbilo: Um abraço de sua mãe, o olhar de satisfação de meu avô quando me vê contente.

Quando o grupo todo se unir, as caixas devem ser abertas. Devem ser colocadas três grandes rostos para serem as caixas de correio que representem o riso, a alegria e o júbilo. À medida que as crianças abram sua "Caixa", devem ler os papéis e colar, conforme o adequado, em cada uma das caras.

O animador deve levá-los à conclusão de que são momentos diferentes de se viver a felicidade.

5. Encenações

Cada criança ou por grupo representam ações que signifiquem momentos de riso, de alegria ou de júbilo. Um "jurado", determinado com antecedência, tem que identificar o riso, a alegria ou o júbilo diante de três cartolinas que serão entregues a cada membro do júri, representando três rostos, uma de riso (vermelha), outra de alegria (verde) e outra de júbilo (azul) com as quais têm que votar, levantando-as uma ou outra segundo acredite ser o mais adequado. E todos discutem essa votação. A intenção não é tanto chegar a um acordo unânime, mas fazer aparecer os diferentes tipos de alegria: riso, alegria e júbilo.

SEGUNDO MOMENTO: TESTEMUNHOS

Partimos de experiências pessoais vividas por outras pessoas. São as diversas maneiras de viver a alegria.

OFICINA 3 | NO FUNDO DE SUAS EXPERIÊNCIAS

- É possível exibir, por exemplo, o filme *Sed bueno si podeis,* sobre a vida de San Felipe Neri (pode-se conseguir esse filme facilmente na internet) ou contar a sua história.
- E depois, podemos nos questionar:
  - Em qual momento rimos e por quê.
  - Se eram apenas brincadeiras normais ou se havia alguma outra intenção, e qual.
  - Se acham que San Felipe Neri era um santo sério ou alegre, e por quê.
  - Há outros personagens alegres? Quais?
  - Em qual momento estão alegres? Por que estão alegres?
  - Tudo acaba mal no filme/na história ou também há alegria no fim? Por quê?
  - Quantos tipos de alegria aparecem no filme/na história?

Outra possibilidade é ver alguns dos filmes de Charles Chaplin, os filmes mudos: *O garoto, Luzes da cidade, Tempos modernos...*

TERCEIRO MOMENTO: UMA ALEGRIA PLENAMENTE HUMANA

Procurar um local adequado, tranquilo, sem muito estímulo. Música suave. Vamos procurar o silêncio exterior e o interior. Olhos fechados, mãos unidas. Clima de intimidade. Quando o clima for criado, devem ser lidas as Bem-aventuranças da alegria de modo muito espaçado, deixando momentos de silêncio.

As Bem-aventuranças da alegria

Felizes as crianças que
ajudam os outros
Porque neles está seu júbilo...

Felizes as criança que
sabem comemorar
Porque a alegria
compartilhada aumenta.

Felizes os que se comunicam
com os outros
Porque isto lhes causa grande alegria.

Felizes os que sabem ouvir
Porque quem ouve, conhece,
E quem conhece ama e está alegre.

Felizes os que dão o que
têm com alegria.

Pouco a pouco se finaliza o exercício com palavras delicadas que repetem algumas dessas frases, convidando à reflexão, e voltando à "realidade". Agora, todos sentados, comentam o que ouviram. É preciso, acima de tudo, que contem suas próprias experiências, se viveram alguma dessas Bem-aventuranças.

- Nós nos perguntamos se eles também conhecem adultos que vivam assim: são mais felizes?
- E se já viram, alguma vez, como se sentem os idosos que fazem o contrário: são mais felizes?

QUARTO MOMENTO: RUMO À TRANSCENDÊNCIA

A alegria profunda se dá não apenas na convivência, na relação interpessoal ou na introspecção subjetiva, mas na experiência de se sentir parte do universo.

Uma experiência bem bonita disso é a contemplação do céu de noite, não apenas para contar estrelas – que também é bonita – mas para se deixar envolver por esse ambiente de mistério, que o animador ou catequista pode comentar e acompanhar, mas sem enchê-lo de palavras, deixando que a experiência seja experiência. Que as crianças se sintam parte do mundo e do universo despertando nelas admiração e alegria.

Antes, podemos ver o capítulo sobre a formação da terra da série *Era uma vez... o homem*, que também pode ser facilmente encontrada na internet, no youtube. Ou algum dos vídeos de "zoom cósmico", também na internet. E depois fazemos a experiência da noite.

Por fim, todas as crianças, com as mãos para cima, devem se unir dando graças a Deus pelo presente do universo do qual fazemos parte.

3.4 A EXPERIÊNCIA DO PERDÃO

O conceito de perdão pressupõe o conceito do mal. Só se perdoa o mal. O bem ou o inofensivo não admitem – não precisam – de perdão, exceto humoristicamente. Por isso, perdoar é perdoar o mal que nos fizeram. Tinham razão, os judeus, quando acusavam Jesus de apropriar-se do poder de perdoar (isto por não saberem que Ele era Filho de Deus). Perdoar é um ato de "des-construção", é um ato de apagar o mal. E isso só pode ser feito por Deus. E essa era a prova do Filho de Deus.

Porque o perdão está além de cancelar uma dívida ou não exigir o cumprimento de uma justiça. Está além de uma reconciliação na qual haja reciprocidade.

O perdão é um ato de absoluta gratuidade. Algo tão acima dos seres humanos que só é possível com a intervenção divina. "... Soprou sobre eles e disse-lhes: Recebei o Espírito Santo. Aqueles a quem perdoardes os pecados lhe serão perdoados" (Jo 20,22-23).

E, de fato, quem é capaz de perdoar até destruir o mal recebido, experimenta que não o faz em virtude de um raciocínio, nem sequer de um sentimento por mais profundo que seja. É preciso algo mais. É preciso o Espírito, é preciso uma força que me é dada, que me vem do eu e que me liberta tanto quanto liberta quem me fez mal.

Algo ou alguém, do ponto mais profundo do meu ser, me deu a força, me "inspirou" para perdoar. O Espírito agiu em mim e por mim. Quem foi capaz de perdoar – de "des-construir" o mal – encontrou Deus, com certeza.

1. Jovens, adultos e idosos

① ITINERÁRIO PEDAGÓGICO

AMBIENTAÇÃO

Um texto de Etty Hillesum, extraído de seu diário no campo de concentração de Auschwitz, no qual, em meio ao terror do campo, Etty se pergunta sobre o ódio e o perdão.

PRIMEIRO MOMENTO: UM MUNDO DE INJUSTIÇA

Vivenciar os sentimentos daquelas pessoas que, por ódio ou por vingança, realizam atitudes de injustiça, de violência e de crueldade. Nós nos aprofundamos nos sentimentos que fazem com que elas realizem essas ações e ver quais consequências elas causam em si mesmos, nos demais e no mundo. A experiência pode realizar-se por meio de filmes ou vídeos, de enquetes pelas ruas ou outras ações. Esses sentimentos de ódio, de rancor... abundam ao redor e em nós mesmos. Não somos tão diferentes uns dos outros. A injustiça está na ordem do dia em nosso mundo.

Mas não é só o ódio nem a vergonha quem cria injustiça e dor, mas a falta de comunicação, os muros, físicos ou psicológicos, que criamos, às vezes: os muros e fronteiras diante da tragédia dos imigrantes: o muro quase intransponível da desigualdade, da integração e da exclusão; o muro das rupturas no seio das famílias; o muro da incompreensão ou da deslealdade na amizade... É todo um muro da falta de comunicação.

Podemos fazer outras atividades que destacam esses sentimentos, com canções, textos e outros materiais que podem ajudar na interiorização experiencial do que vemos e fazemos. Podemos escrever, no "muro da vergonha", tudo o que vivemos. Ao fim, nós nos perguntamos quem ou o que pode nos tirar do atoleiro e se o mundo está mal feito, o que insinua, de alguma maneira, última pergunta final que pode servir de pista para a experiência de Deus como possível resposta.

SEGUNDO MOMENTO: OFENSORES E OFENDIDOS

Personalizar a experiência em nós mesmos. É um momento mais difícil e arriscado, e nem sempre possível de ser realizado em grupo. O grupo é, em um primeiro momento, um meio importante que facilita a experiência pessoal, mas é essa vivência, a pessoal, que é o centro do interesse da oficina. E no entanto, essa personalização reverte também no mesmo grupo, obtendo uma dimensão comunitária, também imprescindível.

Revivemos os sentimentos que temos quando *ofendemos outros* ou quando fazemos aflorar os sentimentos que brotam de nós quando nós *ofendemos alguém.*

Mas não bastam as palavras. É preciso aproximar-se de alguma ou de algumas pessoas concretas a quem ofendemos ou que nos ofenderam, nos atrevendo a enfrentar a situação. Sempre volta a aparecer uma pergunta sem resposta, que fica solta no ar e, novamente, criar pistas até a pergunta sobre a transcendência e sobre Deus: a reconciliação é possível?

TERCEIRO MOMENTO: A PRÓPRIA CULPA

Talvez o mais difícil seja perdoar a si mesmo e sentir a necessidade de ser e de se sentir perdoado. É um terreno perigoso, pois é possível cair na armadilha da culpa errada, que leva a uma rua sem saída. O caminho a seguir deve levar sempre ao sentimento de libertação e da angústia.

Por outro lado, devemos ser consciente de que o assunto da culpa pessoal é algo que não entra com facilidade no âmbito de nossa cultura, onde reina a ideia do "tudo vale se você acha bom ou se acha agradável"... e se rechaça tudo o que pode nos criar incômodos ou problemas. No entanto, estamos convencidos de que o tema da culpa é algo que geralmente fica sem resolução e é fonte de muitos desequilíbrios e problemas não resolvidos que afetam a própria pessoa e as relações interpessoais.

Todos esses sentimentos pessoais surgem quando, de um modo ou de outro, aparece o que os outros pensam de mim e onde entra em jogo a própria autoestima, o sentimento de frustração diante do fracasso do próprio eu idealizado, narcisista ou perfeccionista. Inclusive, é possível dizer a si mesmo: "Nunca contarei a ninguém que eu…" E assim a pessoa acaba se perguntando a sério quais são suas "feridas", se pode curá-las, por que e como, e quem pode me perdoar…

Se quisermos passar esses sentimentos aos outros, cada um pode mostrá-los com uma figura, um desenho ou outra forma, cujo sentido mais geral pode ser explicado livremente e pode dar lugar a compartilhar sentimentos comuns que, uma vez mais, nos aproximam da realidade da mesma condição humana, como em todos nós. Existe um "defeito de fábrica" em quem nunca se sente culpável. A quem poderíamos pedir explicações – nossa própria humanidade? O que podemos e devemos fazer? É possível?

QUARTO MOMENTO: O MUNDO TEM PROBLEMAS

Se essa é a "condição humana", é facilmente constatável que o conjunto das relações humanas, perto e longe, também está "prejudicado" ou "ferido". Ao realizar e vivenciar essa constatação, voltamos à questão da globalização, da injustiça e do mal.

Segundo o teólogo Gérard Fourez[14], é impossível a convivência em que haja feridas das quais ninguém tem culpa. E vemos isso no mundo do casamento e da união, no do trabalho, na amizade e até mesmo no trabalho pastoral e de evangelização. São experiências que temos vivido ou das quais inclusive somos protagonistas e que facilmente ocorrem na mesma conversa. O cinema, muitas vezes, nos ajuda fazer aflorar as vivências: *Amigos de Peter*, *Doze homens e uma sentença*, *Nazarin*…

Tudo isso nos conduz de novo a algumas perguntas inevitáveis: É possível conviver sem ferir ou a convivência é criadora, por si só, de feridas incuráveis? Quem ou o quê pode curar essas feridas? Além das relações superficiais, é possível a convivência humana?

Por outro lado, são incontáveis as vezes em que dizemos aos outros, ou a nós mesmo, que "Eu não tenho culpa de…" ou "Eu não posso fazer nada…" O individualismo e a impotência costumam ser nossos grandes "aliados" para não enfrentarmos os problemas que todos enfrentam. O mundo inteiro está

---

14 *Sacramentos y vida del hombre* – Celebrar las tensiones e los gozos dela existencia. 2. ed. Santander: Sal Terra, 1988.

OFICINA 3 | NO FUNDO DE SUAS EXPERIÊNCIAS

"ferido" , e até está ferido "de morte" tanto no nível das estruturas sociais, econômicas ou políticas como no nível da integridade de nosso planeta Terra. Mas no nível pessoal ou grupal, somos verdadeiramente inocentes nessa situação?

Não se trata de sentir culpa, mas de tomar consciência de nossa responsabilidade pessoal na "ferida mundial" de nosso mundo e de nossa história atual. Precisamos ter consciência de nossa interdependência, de que "tudo está conectado", como diz o papa Francisco na Encíclica *Laudato si*. O filme *Babel* é um exemplo claro disso.

Tudo isso leva a colocar em questão o hiperconsumo, o desenvolvimento insustentável, a mudança climática, o sistema neoliberal capitalista e financeiro, o sistema de mercado, as opções políticas, a corrupção em pequena escala, o viver, a saúde, a agressividade, a violência, a intolerância, a xenofobia, o racismo, a inibição...

E acabamos perguntando a nós mesmos se realmente somos "inocentes"; quem ou como resolver nossa culpabilidade ou nossa responsabilidade pessoal ou grupal; se deveríamos pedir perdão, a quem e como...

QUINTO MOMENTO: UM CAOS DE CONTRADIÇÕES

São Paulo, em suas cartas, expressa de modo excelente a íntima contradição na qual todos os seres humanos estão imersos à condição humana como tal. Fazemos o mal que não queremos, e o bem que queremos não conseguimos fazer. E isso sempre, sempre, sempre... Cada um sente em si mesmo sua própria e irremediável contradição, que todos compartilhamos e que em cada um expressa de modo diferente segundo seus próprios problemas íntimos e intransferíveis.

SEXTO MOMENTO: AMOR E PONTE

Precisamos encontrar possíveis "saídas" a nossa contradição. A canção *Al otro lado del río*, de Jorge Drexler, nos avisa que existe "uma luz do outro lado do rio" e cada um pode dar nome ao "rio" e à "luz", e receber as respostas: "rema, rema, rema"...

O testemunho das pessoas nos pode fazer ver que sim, existem "saídas" ao problema da contradição, da "culpa", do próprio mal:

- De onde vê que vem a força...?
- O que causam os problemas da contradição humana social, pessoal...?
- O perdão serve para alguma coisa?
- E eu, o que faria?
- Quais são as possíveis "ferramentas" para resolver os problemas de injustiça, dor, falta de comunicação, muros, contradição pessoal e outras tantas?
- É possível, com tudo isso, conseguir um mundo reconciliado?
- O perdão serve para alguma coisa?
- Nós bastamos a nós mesmos para consegui-lo?

SÉTIMO MOMENTO: HÁ MAIS ALGUMA COISA? RUMO À TRANSCENDÊNCIA

Não se pretende oferecer uma "demonstração" da existência de Deus. Só se pode colocar "nos trilhos" até uma resposta que somente cada um pode dar a si mesmo, não unicamente a partir da reflexão puramente racional, mas sim, a partir da vivência.

Há respostas possíveis a um mundo sem Deus, negativas ou positivas. A resposta que cada um pode dar é livre, a partir de sua própria experiência e processo: É possível uma salvação sem Deus? É possível que os homens possam perdoar uns aos outros, mas quem salva, quem perdoa o mundo? Onde está a chave para poder perdoar? Quem pode oferecer esse "bônus" para poder perdoar?

Não cabe dizer mais nada. Só fica a simples oferta do mesmo Deus que nos apresenta a Escritura em um de seus mais lindos textos: Sb 11,21-12,1 e Sb 1,13-15.

② DESENVOLVIMENTO DA OFICINA

AMBIENTAÇÃO: Etty Hillesum

Partimos de um texto de Etty Hillesum, extraído de seu diário no campo de concentração de Auschwitz, no qual, em meio ao terror do campo, Etty se pergunta sobre o ódio e o perdão. Talvez fosse bom explicar brevemente a

OFICINA 3 | NO FUNDO DE SUAS EXPERIÊNCIAS

história e a personalidade da mesma Etty Hillesum, para compreender o alcance de seu relato. (Veem-se alguns dados no segundo momento de adultos da oficina do silêncio, p. 44-46.)

Pode haver uma situação tão cruel como a vivida no "holocausto", que aterroriza pela frieza e pela dimensão de tal massacre humano devido ao ódio, à ideologia e ao desprezo pelo ser humano, infligido por outros seres humanos tratados como simples cobaias e desfechos inúteis e prejudiciais para uma humanidade – uma "raça" – supostamente "pura"? Em meio a tal horror, vivido em sua própria carne, Etty Hillesum se expressa desta maneira:

Amor, não ódio

"Eu sei bem que quem odeia tem boas razões para isso. Mas por que escolheríamos sempre o caminho mais fácil, o mais acessível? No acampamento pude experimentar concretamente que qualquer partícula de ódio que colocamos neste mundo nos torna ainda mais inóspito do que já é. E acredito, talvez de modo infantil, mas também de maneira tenaz, que se esta terra se tornar um espaço mais habitável será apenas através do amor, amor do qual o judeu Paulo fala aos coríntios, no capítulo treze de sua primeira carta."

Etty Hillesum, *El corazón de los barracones*
(escrito no campo de concentração antes de ser levada às câmaras de gás).

- Como Etty Hillesum pretende desafiar situação semelhante de injustiça e de horror?
- Quais sentimentos nos provoca? Rejeição? Admiração? Estranheza? Escândalo? Desprezo? Incompreensão?

PRIMEIRO MOMENTO: UM MUNDO DE INJUSTIÇA

1. Os que odeiam

O mundo está cheio de indivíduos e grupos que, por um motivo ou outro, ideológico ou emotivo, descontam seu ódio nos outros, pessoas ou grupos: o antissemitismo, a xenofobia, a violência doméstica até o assassinato, a tortura fria e sem piedade, os genocídios (Armênia, Ruanda, Sérvia, os Khmer Vermelhos do Camboja, Sendero Luminoso do Peru...), o islamismo radical (Vahes, Boco Haram...)... Podemos vê-lo em alguns filmes que tratam desses assuntos, muitos deles bastante conhecidos, ainda que talvez nunca tenhamos parado para pensar serenamente sobre o que esses filmes refletem. Alguns exemplos: *El Bola* (Achero Mañas, 2000); *Ararat* (Atom Egoyan, 2002), *Pelos meus olhos* (Icíar Bollaín, 2003); *Buda explotó por verguenza* (Hana Makhmalbaf, 2007); *Katyn* (Andrzjej Wajda, 2007) etc.

- Quais são os sentimentos e as atitudes que esses personagens violentos têm?
- O que conseguem com isso?

Podemos realizar um tipo de enquete perguntando às pessoas o que elas pensam sobre esse tipo de pessoas:

- Por que fazem o que fazem?
- Quais são os seus sentimentos e as suas atitudes?
- O que conseguem com isso?
- Tem alguma justificativa?

Talvez tenhamos muitas surpresas sobre os sentimentos que surgirem...

2 . Os que não perdoam

E, por sua vez, como reagem as vítimas dessas ações? Vítimas do terrorismo, da tortura, da violência doméstica, de uma violação, da violência política (Israel e palestina)... Vemos diretamente, com pessoas próximas e conhecemos tudo isso por meios de comunicação, muitas vezes coisas vividas diretamente.

Mais filmes: *A caçada humana, Sob o domínio do medo, A guerra, A árvore da vida (2011)* ou outros com a mesma temática. Mas também notícias da imprensa, entrevistas nos meios de comunicação, histórias da vida local...

Como antes, não basta assistir aos filmes: é preciso refletir sobre os sentimentos que se apresentam e os que nós mesmos sentimos.

OFICINA 3 | NO FUNDO DE SUAS EXPERIÊNCIAS

Isso também pode ser objeto de uma enquete sobre as reações que costumamos observar nas vítimas, porque elas são conhecidas por experiência própria, por filmes que já foram vistos, por notícias já ouvidas:

- Por que reagem assim?
- Quais são seus sentimentos e suas atitudes?
- O que conseguem com isso?
- Tem alguma justificativa?

3. O muro da falta de comunicação

Às vezes, o mundo da injustiça não se revela diretamente com atos de ódio, violência ou destruição. Simplesmente cercas são criadas, muros, obstáculos, paredes físicas ou psicológicas, que provocam ódios, incompreensões, até violência...

O mundo, cada vez mais, está cheio desses muros defensivos que impedem a comunicação e geram novas injustiças. Fechar-se, impedir a comunicação, criar fronteiras físicas ou virtuais, é o modo mais fácil de fechar feridas de modo falso, pois essas feridas dificilmente se cicatrizarão: o "muro de Berlim", a "cortina de ferro", a "muralha da China"...

Hoje em dia, Europa, Ásia, Estados Unidos são exemplos clássicos desse limite de fronteiras, com milhares de vítimas e mortos em suas costas: o cemitério do Mediterrâneo, as fronteiras da Grécia e da Turquia...

Mas há outros muros não muito diferentes: o muro da desigualdade e da exclusão, o muro das famílias divorciadas ou separadas, o muro das incompreensões amistosas ou familiares nos quais os irmãos ou os amigo "não se falam"... Sempre surgem as mesmas perguntas: Quais são os sentimentos e as atitudes de cada parte do muro? O que conseguem com isso?

Poderíamos pesquisar alguns dos Centros de integração de cidadania do imigrante ou os Centros de apoio aos Imigrantes, para conhecer os sentimentos que desperta sua situação? Poderíamos falar com os estrangeiros? Inclusive, talvez se pudesse falar com alguns membros das forças de segurança correspondentes, para conhecer os sentimentos que, por sua vez, desperta sua situação.

Mas também existe a participação de pessoas ou de organizações que realizam uma atividade positiva de acolhida, ajuda, e seria bom conhecê-las também e saber de seus sentimentos: Cruz Vermelha, Caritas, comunidades religiosas, dentre outras. Principalmente pessoas concretas nos lugares mais diretamente afetados.

E conhecer diretamente o mundo dos excluídos no contexto do cada dia mais amplo muro da desigualdade social: um refeitório social, transeuntes ou pessoas que moram na rua, literalmente, uma família de classe média pobre nesses anos de crise, pausas de longa duração ou jovens sem emprego ou que demoram anos procurando, ou que saíram do país para encontrar emprego... O voluntariado com esses grupos é um modo direto de conhecer esse mundo de sentimentos e, sem ter uma análise sociopolítica das situações, refletir sobre o vivido.

Outro mundo de fronteiras é o que se estabelece nos Centros de Encontro de casais separados cuja separação foi traumática de modo que não podem estar juntos no momento de ver seus filhos. Ou famílias nas quais as relações familiares entre pais e filhos, ou entre irmãos, destruiu-se quase definitivamente.

Jornada de reflexão

Todas essas coisas merecem uma jornada de reflexão ampla, pessoal e grupal:

- **O mapa da injustiça**

Na parede projetaremos um mapa branco do mundo.

- Por meio de diversos *post-its* de **cor vermelha**, escreveremos neles, de modo espontâneo, os sentimentos de ódio das pessoas violentas que temos encontrado e que geram situações de dor, violência e injustiça.
- Esses *post-its* devem ser colados sobre o mapa-múndi nos diversos pontos onde real ou simbolicamente se realizam. O mapa-múndi deve ficar coberto de vermelho.
- É preciso um tempo de silêncio para facilitar a reflexão. Há canções que podem ajudar nisso, como *O calibre* (Paralamas do Sucesso); *Violência* (Titãs).

OFICINA 3 | NO FUNDO DE SUAS EXPERIÊNCIAS

- **O mapa dos que não perdoam**

- A seguir, da mesma maneira, mas por meio de *post-its* de *cor amarela*, escreveremos os sentimentos dos que não perdoam – as vítimas.
- Com esses *post-its* devemos cobrir o vermelho do mapa anterior apresentando um mapa-múndi amarelo.
- Damos, de novo, um tempo de silêncio para facilitar, também, a reflexão. Depois desse tempo, e com música suave de fundo, pode-se ler o seguinte poema de Bertolt Brecht.

Vivemos em tempos sombrios

Na verdade, vivo em tempos sombrios.
Que tempos são esses, quando
falar sobre flores é quase um crime
Pois significa silenciar sobre tanta injustiça?
Dizem a mim: "Come e beba! Goze do que tens!"
Mas como posso comer e beber,
se a comida que eu como, eu tiro de quem tem fome?
se o copo de água que eu bebo, faz falta a quem tem sede?
No entanto, eu continuo comendo e bebendo.
Também gostaria de ser sábio.
Os livros antigos explicam a sabedoria:
Afastar-se das lutas do mundo e transcorrer
Sem inquietudes nosso breve tempo.
Livrar-se da violência,
Mudar o mal pelo bem,
Não satisfazer os desejos e até esquecê-los:
Tal é a sabedoria.
Mas eu não posso fazer nada disso:
Na realidade, vivo em tempos sombrios.

Bertolt Brecht

4. Os muros da vergonha

Podemos colocar, em um papel, o desenho de um muro, talvez com o mapa vermelho-amarelo, se ele tiver sido usado há pouco tempo.

- Cada um vai escrevendo nesse muro, a partir das experiências realizadas, as diversas causas que criam muros, paredes, cercas, cercas de espinhos e outras formas e que produzem a falta de comunicação, separação entre pessoas e grupos, como: os ciúmes, a inveja, o desamor, o desprezo e outros.
- De novo dedicamos um tempo de silêncio para a reflexão.
- E podemos usar a letra da música *Eu só peço a Deus* – Beth Carvalho e Mercedes Sosa (Solo le Pido a Dios). Disponível na internet em letras.mus.br: https://www.letras.mus.br/beth-carvalho/587817/

Ao final, perguntamos:

- Quem ou o quê podemos tirar do impasse?
- O mundo está errado?

A pergunta fica no ar, sem resposta…

SEGUNDO MOMENTO: OFENSORES E OFENDIDOS

Um segundo momento se concentra na experiência pessoal e em cada um. E há diversos exercícios possíveis, individuais ou em grupo.

1. A rede vazia

Este exercício tem que ser totalmente voluntário. Nem todas as pessoas têm que participar. Posicionados em círculos ao redor de uma rede vazia, cria-se no grupo um clima de silêncio e reflexão. Os participantes, de forma imaginária, sentam uma ou mais pessoas nessa rede vazia, as pessoas que as *tenham ofendido ou prejudicado na vida.*

Depois de um tempo de silêncio, quem quiser se coloca na frente da rede e expressa o que diriam a essa pessoa (o nome, naturalmente, deve ser omitido). A dinâmica deve ser feita por completo e em silêncio e como respeito à pessoa e às pessoas.

Ao final, devem ser discutidos os sentimentos surgidos tanto nos que participaram diretamente como naqueles que não foram expressados.

OFICINA 3 | NO FUNDO DE SUAS EXPERIÊNCIAS

- Quais sentimentos surgem quando nos prejudicam?
- O que costumamos fazer? Nós nos controlamos? Abordo a pessoa e dialogo com ela? Estabeleço uma distância segura, um "muro"?

2. A carta

A atividade anterior requer um nível de confiança muito especial no grupo. Nem sempre é possível nem factível. Por isso, uma atividade semelhante pode ser feita escrevendo-se uma carta àquela pessoa que me ofendeu. A carta pode ser um pouco mais suave e possível.

O exercício é eminentemente pessoal. Mas de todas as maneiras não se pode forçar ninguém a expressar seus sentimentos diante dos outros, mas não se deve excluir essa possibilidade sempre que seja feita com total liberdade. Sempre, o pessoal e o grupal são complementares: busca-se tomar consciência e a vivência de cada um, mas também a do grupo, que nos faz ver como nossos sentimentos não são apenas algo que se limita a nossa problemática pessoal, mas que faz parte da mesma condição humana como tal na qual todos participamos, além da própria sensibilidade ou culpa.

As perguntas que fazemos a nós mesmos como reflexão são sempre as mesmas:

- Quais sentimentos surgem quando nos prejudicam?
- O que costumamos fazer? Nós nos controlamos? Abordo a pessoa e dialogo com ela? Estabeleço uma distância segura, um "muro"?

Outra possibilidade é que o animador do grupo pegue as cartas sem assinatura, misture-as e volte a distribuí-las aleatoriamente. Em um clima de silêncio e respeito, cada pessoa lê a carta recebida. É importante manter o anonimato. E os outros, livremente, podem expressar os sentimentos que a leitura da carta causou. Devem ser evitadas as críticas e os julgamentos acerca do que foi ouvido.

O animador deve dar ênfase a como nos sentimos quando causamos danos aos outros, se criamos pontes de reconciliação ou mantemos nossa postura.

3. Passando à ação

A maioria de nós tem algum problema de comunicação, de queixas inferidas ou recebidas. É preciso fazer algo concreto diante dessa situação real e pessoal, seja de perdão, de justificativa, de pedido de motivos sobre as queixas etc. De modo definitivo, é preciso realizar um diálogo real com a pessoa concreta. Depois, pensamos sobre os sentimentos gerados. Este deve ser um momento especial de acompanhamento pessoal.

4. Perguntas sem resposta

Ao final, esta pergunta pode ser feita:

- A reconciliação é possível?

TERCEIRO MOMENTO: A PRÓPRIA CULPA

Para todo mundo fica claro, hoje, que a palavra "pecado", tão presente na antiga educação do século passado, é algo que já não se expõe. Ou, quando acontece, para muitos é algo que acaba sendo anacrônico. Por outro lado, uma sociedade permissiva e superficial como a nossa implica um relativismo ético tão forte, no nível pessoal e até social, que entra em uma certa amoralidade, carência de critérios éticos: nada é bom nem ruim, simplesmente "é", e é bom se para você parece bom.

No entanto, é possível – ou talvez seguro – que a reconciliação consigo mesmo e o sentimento de culpa permaneçam, independentemente de como for chamado. E frequentemente é preciso recorrer ao psicólogo ou ao psiquiatra para resolver problemas pessoais do tipo existencial aos quais não se sabe como chamar. Por isso, parece importante que a pessoa entre em sua própria intimidade e possa expor-se ao assunto de sua própria autorreconciliação.

1. A "esmola espiritual"

Em algumas comunidades humanas, e mais ainda nos velhos noviciados masculinos e femininos, era uma prática frequente o que chamávamos de "esmola espiritual". Nela, cada um dos membros da tal comunidade escreveria em um papel os "defeitos" que via na outra pessoa e os entregava de maneira anônima para que essa pessoa os lesse e refletisse sobre eles ou comentasse com alguém de sua confiança.

OFICINA 3 | NO FUNDO DE SUAS EXPERIÊNCIAS

Podemos realizar, no grupo, essa atividade da "esmola espiritual" de todos com todos ao longo de um determinado período. Cada um deve indicar onde se deve deixar sua "esmola espiritual".

Quando cada um recolhe as "esmolas" que foram dadas, reflete sobre elas de modo especial, sem necessidade de comentá-las com ninguém.

Possível questionário que ajude à própria reflexão:

- Segundo o que dizem de você – não o que você pensa disso –, escreva seu próprio "retrato robô": "Pelo que dizem, eu sou uma pessoa que…"
- Quais foram suas reações? Adaptação? Recusa? Rebeldia? Justificativa? Admissão?
- Onde minha vida me "dói"?

2. Descubra suas próprias "feridas"

Precisamos ser sinceros conosco para vivermos na verdade. Se vivermos dando as costas para a nossa própria realidade, estamos construindo nossa vida de maneira falsa, edificada na areia, e tudo, um dia, pode ruir.

Na vida de cada um de nós existem "feridas", possivelmente não cicatrizadas. Por mais "doloroso" que seja, precisamos enfrentá-las e, portanto, devemos enfrentar nossa própria realidade. Para ajudar a explicitá-las, podemos usar exercícios como o das frases inacabadas, no qual cada um deve tentar completar com sinceridade, expressando sua própria experiência. Desse modo, pode dar nome às suas "feridas".

Quando erro…
Quando descobrem o que eu escondia…
Quando as pessoas me rejeitam
Quando não gosto de mim porque…
Quando fracasso…
Quando estrago o que era tão bom…
Quando tem razão para colocar a culpa em mim
Nunca direi a ninguém que eu…
Quando reajo violentamente porque alguém mexeu comigo…

E concluímos:

- Então quais são suas "feridas"?
- Posso curá-las? Por quê? Como?

Comentário em grupo:

Apesar de este ser um exercício muito pessoal, difícil de comunicar com outros em grupo, é possível refletir diante dos outros os próprios sentimentos que surgem do que foi pensado até agora. Se decidirmos colocá-lo em prática, nos apoiaremos na expressão plástica, colocando à disposição de todos os materiais com os quais possam se expressar simbolicamente: pinturas de vários tipos, papel de desenho, lápis e pincéis de diversas densidades e numerações, argila e palitos, água…

Cada um cria uma "figura" de qualquer tipo, realista ou abstrata, que expresse seu sentimento de modo global. Quando acabar, o grupo deve ser reunido e cada um explica, até onde seja possível ser sincero, seu respeito à própria intimidade etc., o que queria expressar.

Depois que todos estiverem apresentado e explicado sua figura, deve ser estabelecido um diálogo aberto e espontâneo sobre o que cada um sente diante disso.

Talvez seja possível chegar a uma "conclusão" com a qual todos concordem: "Nada é perfeito. O que podemos fazer e devemos fazer? É possível?"

QUARTO MOMENTO: O MUNDO TEM PROBLEMAS

1. A convivência humana

Gerard Fourez, falando do sentido da reconciliação[15], afirma que a convivência entre as pessoas, inclusive com muita boa vontade… sempre causa feridas.

As "feridas" são inevitáveis no ato de conviver. Isso está certo? Vejamos alguns casos:

---

15 Livro *Sacramentos y vida del hombre* – Celebrar las tensiones y los gozos de la existencia. Santander: Sal Terrae, 1988.

O matrimônio ou o casal

Antonio e Maria Luísa estão casados há vários anos. Têm dois filhos, de 12 e de 10 anos, um menino e uma menina. Ambos são pessoas de fé, e mais do que isso: militantes. Participam ativamente, ele, na paróquia, como catequista, e ela, no colégio, na equipe da pastoral. Nunca houve nenhum problema entre eles. Mas Maria Luísa, cada dia mais, se sente compenetrada em seu trabalho pastoral do colégio, com Fernando, solteiro e também militante, não só a nível cristão, mas também no trabalho de voluntariado e em uma associação de defesa do meio ambiente e denúncia da mudança climática. Maria Luísa tem se conscientizado cada vez mais desses problemas, e isso enriquece o trabalho pastoral do colégio.

Antonio, por sua vez, contagiado por Maria Luísa, também tem se sensibilizado com o assunto em sua paróquia. Mas a relação de Maria Luísa e Fernando vem ganhando tons afetivos que, em dado momento, eles sentem que não existe outro projeto mais verdadeiro do que uma vida em comum e de possível casal. Nem Antonio nem Maria Luísa deixaram o casamento esfriar. Mas se impõe uma realidade que ninguém poderia prever nem desejar. E o casamento de Antonio e Maria Luísa termina definitivamente em um determinado momento. A dor, dos dois lados, é profunda e tão inevitável como a mesma ruptura, inclusive contando com os problema que, a partir de agora, os filhos do casal terão que enfrentar. Ninguém tem culpa. A vida é assim.

O grupo de amigos

De modo parecido, um grupo de amigos que se conhecem já há mais de 20 anos. No passar dos anos, a vida de alguns mudou. Aconteceram os primeiros casamentos, e houve quem ainda passou um tempo solteiro, ou de modo definitivo. Mas nada disso pôde acabar com a amizade. As crianças pequenas eram responsabilidade de todos: lanches, festas, aniversários, brincadeiras, momentos de distração nos quais as crianças brincavam sozinhas enquanto os adultos conversavam...

Com o tempo, as crianças foram crescendo, os interesses de alguns foram mudando, houve mudanças de casa, as reuniões foram ficando menos frequentes, os problemas das crianças criavam preocupações entre os amigos. Era mais difícil que eles se encontrassem entre as tarefas e os problemas...

Os anos se passaram. Nas diversas ocasiões em que fui visitá-los, não conseguia me reunir com todos. Tinha que visitar alguns separadamente. Nos últimos tempos já fazia anos que não tinha mais contato com alguns do grupo. O grupo de amigos havia se dividido em grupos de amizades mais afins e diversos. O grupo grande já não mais existia, sem que inimizades tivessem sido criadas.

Nessa mesma linha, filmes como *Os amigos de Peter (também conhecido como Para o resto de nossas vidas)* podem expor situações muito parecidas:

> Peter (Stephen Fry) convida seus melhores amigos, a quem não vê há alguns anos, para comemorar o réveillon em sua mansão; são os amigos da escola, com os quais apresentava peças de teatro e shows. Juntos, eles se divertem, mas também falam sobre seus problemas, sonhos e esperanças perdidas, mas o que ninguém espera é a surpresa que Peter reservou para o fim da festa.

O grupo de trabalho

Uma boa equipe de trabalhadores, todos empenhados e envolvidos em um mesmo projeto, liderados por uma pessoa, capaz de unificar interesses, aptidões, capacidades, todos complementados em uma mesma direção. Quando o líder daquela equipe de trabalho teve que se ausentar, as coisas mudaram totalmente. A liderança, necessária, não foi tão claramente compartilhada por todos. Trabalhavam da mesma maneira, mas eram evidentes as diferenças entre alguns. Diferenças de caráter, de modo de trabalhar, de visões de conjunto... de feridas que foram aparecendo sem que ninguém as provocasse nem as desejasse. Sentimentos de isolamento, de manipulação, de intolerância foram surgindo quase por encanto sem que ninguém os provocassem diretamente. Ninguém tinha culpa de nada, mas não podia ser como antes. A equipe havia se desfeito.

Algo parecido poderia ser analisado em filmes como *Doze homens e uma sentença*:

O drama representa um grupo de jurados obrigados a julgar um crime por homicídio. A princípio, têm uma decisão quase unânime de culpa, com um único jurado tendendo a não culpá-lo, que ao longo da obra planta a semente da dúvida razoável. Os doze membros do júri começam a se familiarizar com suas respectivas personalidades. Vários membros do júri têm motivos diferentes para ter preconceito contra o imputado: sua raça, sua origem e a relação conflituosa entre um membro do júri e seu próprio filho.

Na evangelização

É a história de Padre Nazario, *Nazarín*, romance de Pérez Galdós que foi para os cinemas dirigida por Luis Buñuel em 1959. O Padre Nazario é um sacerdote humilde e simples que, como Jesus, procura fazer o bem por onde passa, dedicado de corpo e alma, dentro de sua própria pobreza, a todos os pobres e desgraçados do lugar. Homem livre também, comprometido e misericordioso, próximo a tudo do mundo, para exemplo máximo da caridade cristã. Um dia, diante da oposição e do escândalo de muitos, se vê obrigado, por sua misericórdia, a proteger uma prostituta que causou um incêndio. Perseguido pela justiça, se vê obrigado a fugir. A caridade, que espalhou por todas as partes, torna-se sua inimiga. Seu trabalho evangelizador do amor, da caridade e da misericórdia terminou em um fracasso total. Como Jesus. Em sua fuga, Nazarín entra em uma profunda crise de fé e de convicções. Serve de alguma coisa fazer o bem e ensinar o evangelho, que o colocou naquela situação? Como é possível que o bem cause tanto mal, desesperos e sofrimentos?

Podemos comparar essas histórias com outras, realmente vividas por nós, inclusive pelo mesmo grupo…?

- É possível conviver sem ferir ou a convivência é criadora, por si mesma, de feridas incuráveis?
- Quem ou o quê pode curar essas feridas?
- Além das relações superficiais, é possível a convivência humana?

2. Não somos inocentes

Hoje, existem no mundo grandes problemas que envolvem o conjunto da humanidade: a mudança climática, a pobreza e a desigualdade, a mortalidade infantil, o analfabetismo, o sistema econômico do capitalismo neoliberal e financeiro, o mercado, a fraude e a evasão fiscal, os paraísos fiscais, a habitação, a água, a indústria farmacêutica, o terrorismo de diversos tipos, a imigração em massa dos países pobres ou tomados pela guerra, perseguidos pelo fanatismo, o consumismo desenfreado, a cadeia de armamentos e o comércio – lícito ou não – de armas... Todos nós somos inocentes de tanta tragédia?

Uma visão global de todos esses problemas pode ser refletida a partir do vídeo *Um outro mundo possível,* baseado no discurso de Leonardo Boff no Fórum Social Mundial, realizado em Belém, no Pará, em 2009, que pode ser visto no seguinte site: www.e-sm.net/ted25

O filme *Babel* (Alejandro González Iñárritu), por exemplo, mostra a interdependência global de todos os seres ou acontecimentos do mundo. Este é o argumento simplificado desse filme:

A história de *Babel* começa com dois meninos marroquinos que mexem com um rifle do pai deles, apontando para um ônibus de turistas, ferindo gravemente uma turista norte-americana e, com isso, causando uma série de eventos em três grupos de pessoas que se encontram em três partes do mundo: um adolescente surda que vive em Tóquio, um casal de turistas americanos que estão de férias em Marrocos e uma babá mexicana que vive nos Estados Unidos. A história se concentra em três conjuntos inter-relacionados de situações e personagens. Com exceção da babá mexicana, com os turistas norte-americanos, ninguém dos grupos de personagens se conhece, apesar da aparente conexão que se cria entre eles e sempre viverão seus eventos em seu próprio ambiente. O assunto que une todos os acontecimentos narrados é o da interdependência de todos com todos. Todos estamos conectados uns com os outros em todas as partes do mundo. Existe uma globalização unificada de causas e de efeitos.

Perguntas pessoais ou de grupo

- No nível de consumo, meu ou de minha família, existe uma escalada que conseguimos notar: o supérfluo se torna conveniente; o conveniente, necessário; e o necessário, imprescindível. O hiperconsumismo é um dos grandes problemas que afetam a mudança climática e a desigualdade mundial: compro e consumo tudo o que posso ou só o que preciso?
- Quando projeto meu modo de viver, minhas necessidades, o que desejo para meus filhos amanhã, qual é o horizonte de meus desejos e os desejos de meus filhos para o dia de amanhã: mais quantidade ou mais qualidade? O que entendo quando digo que quero que na fase adulta, sejam bons "homens ou mulheres"? Se todos os habitantes do mundo vivessem como eu, seria possível viver neste planeta?
- Vivo minha vida sem pensar que os bens de terra não são limitados e, portanto, é um problema para todos o uso da energia, da água, do carro?
- Exponho-me em algum momento aos problemas do mundo ou vivo a vida à margem do que ocorre, pensando que não posso solucioná-los?
- Quando registro meu voto nas urnas no dia da eleição, penso se com meu voto reforço ou não para sistema do capitalismo liberal e financeiro, que cria tanta injustiça, pobreza, fome, exclusão e morte de milhões de pessoas?
- Como expor minhas compras e minhas vendas? Com imposto sobre valor agregado ou sem? Nunca erro no uso de meu dinheiro?
- Se mantenho duas casas, e uma delas passa quando todo o ano vazia, penso nas pessoas que vivem na rua ou que estão desabrigadas ?
- Como é a caixa de remédios de minha casa? Uma caixa de remédios ou uma farmácia? O que faço com os remédios que sobram e não uso?
- Como costumo resolver os problemas (do dia a dia): conversando, com agressividade, com imposição, com chantagem...?
- Eu participo da passividade das pessoas, da falta de participação, do individualismo?

- Geralmente, dizemos "eu não sou racista". Mas qual é minha atitude com estrangeiros pobres, com os imigrantes, com as pessoas de outra cultura ou religião? Aceito de coração os ciganos, por exemplo?

Se trabalharmos em grupo, devemos perguntar:

- Com nosso modo de viver, somos inocentes ou culpados dos problemas do mundo que já foram anunciados?
- Quem ou como pode resolver o problema de nossa culpa pessoal, comunitária ou coletiva?
- Basta o "propósito da correção" ou a mudança de atitudes?
- Deveríamos pedir perdão?
- Como fazer isso de um modo que não sejam apenas palavras, mas que chegue àquelas pessoas que são nossas "vítimas" distantes (ou próximas...)?

QUINTO MOMENTO: UM CAOS DE CONTRADIÇÕES

Minha contradição

O apóstolo Paulo, em uma de suas muitas cartas, descreve perfeitamente a situação em que possivelmente todos nos encontramos: a contradição. Este texto pode ajudar cada um a expor sua própria situação.

Faço o mal que não quero

Sabemos de fato que a Lei é espiritual, mas eu sou carnal, vendido como escravo ao pecado. NÃO consigo entender o que eu faço, pois não faço aquilo que eu quero, mas aquilo que detesto. E, se faço o que não quero, reconheço que a Lei é boa. Mas então não sou eu que faço, e sim o pecado que mora em mim. Sei que em mim, isto é, na minha carne, não mora o bem. Pois o querer o bem está em mim, mas não sou capaz de fazê-lo. Não faço o bem que quero e sim o mal que não quero. Se faço o que não quero, já não sou eu que faço, e sim o pecado que mora em mim. Por conseguinte, encontro em mim esta lei: quando quero fazer o bem, é o mal que se apresenta em mim. No

OFICINA 3 | NO FUNDO DE SUAS EXPERIÊNCIAS

íntimo de meu ser amo a lei de Deus. Mas sinto nos membros outra lei que luta contra a lei de minha razão e me prende à lei do pecado que está nos meus membros. Infeliz de mim! Quem me livrará deste corpo de morte?

Rm 7,14-24

Cada um pode traduzir a sua própria realidade deste texto inspirada na letra de São Paulo, preenchendo os espaços vazios:

"Vejo claramente que em mim há alguns espaços vazios e desejos que não guardam nada de bom, e são: _____ _____ porque querer o bom ou o justo significa: _____ _____, é o que quero, mas ao realizar, não.

Porque não faço o bem que quero, mas o mal que não quero, sim. Ora, se eu faço o que não quero, já o não faço eu, mas o pecado que habita em mim. Acho então esta lei em mim, que, quando quero fazer o bem, o mal está comigo, como por exemplo: _____ _____.

Assim, quando quero fazer o bem: _____ _____ me encontro fatalmente com o mal nas mãos: _____. Em meu íntimo, certo, gosto do que é justo: _____ _____. Mas vejo nos meus membros outra lei, que batalha contra a lei do meu entendimento, e me prende debaixo da lei do pecado que está nos meus membros: _____ _____.

Em uma palavra, eu por mim, por um lado, com minha razão, estou sujeito ao que é justo e bom; por outro, com esses outros instintos e desejos, estou sujeito a outra força distinta e negativa.

Miserável homem que eu sou!

Quem me livrará deste ser, instrumento de morte?"

Tentamos responder a esta última pergunta.

SEXTO MOMENTO: AMOR E PONTE

1. Perguntas pendentes

Várias perguntas ficaram no ar:

- Quais são as atitudes e os sentimentos dos que odeiam, dos que não sabem perdoar, dos quê estão de lados diferentes dos muros da falta de comunicação?
- Quem ou o que pode nos tirar do impasse?
- O mundo está mal?
- A reconciliação é possível?
- Quais são suas "feridas"? Pode curá-las? Por quê? Como?
- É possível conviver sem ferir ou a convivência é criadora, por si só, de feridas incuráveis?
- Quem ou o quê pode curar essas feridas?
- Além das relações superficiais, é possível a convivência humana?
- E a última: Quem me libertará – quem ou o quê nos libertará – deste meu e nosso, instrumento de morte?
- Quem pode me perdoar?

É o momento de procurar a resposta, se ela existir, de todas essas perguntas, que não costumamos fazer e, no entanto, queiramos ou não, independentemente de virarmos a cara para elas ou não, estão aí e aí permanecem.

2. "Do outro lado do rio"

Não é difícil encontrar alguma música ou videoclipe que trate do tema "Do outro lado do rio". Indicamos algumas versões que podem contribuir.

- Do outro lado do rio de Jorge Drexler:
  - www.e-sm.net/ted26
  - www.e-sm.net/ted27
- Do outro lado do rio, música do álbum "Meu Bloco Sou Eu" de Helio Abreu.
- Do outro lado do rio – composição de Claudivan Santiago.

Todos podem dar um nome a esse "outro lado" e a esse "rio".

De qualquer modo, há uma primeira afirmação que precisamos pelo menos ouvir: "Acredito ter visto a luz". Essa luz é a que queremos chegar a ver e há alguém que nos dá esperanças de conseguir.

3. Aqueles que encontraram uma luz

Às vezes nos surpreende, em meio a esse mar de perguntas e de sentimentos difíceis, alguém que, com sua própria vida, põe voz, palavras e experiências a essa "luz" que viram do outro lado do rio. Tratam-se de grandes personagens que são exemplo de humanidade porque, em meio a grandes dificuldades e sofrimentos, souberam abrir uma luz: a do perdão e da reconciliação.

Se possível poderá preparar alguma apresentação digital ou em vídeo, para mostrar o testemunho de algumas pessoas. Se não tiver, o animador ou catequista pode apresentá-lo com algumas palavras ou preparar textos impressos para que possam refletir sobre eles com calma.

Indicamos alguns personagens de quem se pode apresentar o seu testemunho: **Nelson Mandela, Gandhi e os monges de Tibhirine.**

Nelson Mandela

Nasceu em Johannesburg (África do Sul) no dia 18 de julho de 1918, e morreu no dia 5 de dezembro de 2013. Foi advogado, ativista contra o *apartheid*, presidente de seu país no período de 1994 a 1999. Foi o primeiro presidente de raça negra de seu país. Seu governo se dedicou a desmontar a estrutura social e política herdada do *apartheid*, a combater a pobreza e a desigualdade social, e a promover a reconciliação social.

Passou 27 anos de sua vida preso, acusado de conspiração para derrubar o governo. Campanhas internacionais lutaram por sua libertação, e finalmente foi solto em 1990. Recebeu o Prêmio Nobel da Paz em 1993.

O mais importante sobre Nelson Mandela é o legado que deixou à humanidade com sua postura diante da injustiça e do sofrimento desses 27 anos de cárcere por seus "inimigos", os brancos.

John Carling, em seu livro, *O fator humano* – publicado no Brasil em 2009 com o título: *Invictus – Conquistando o inimigo Nelson Mandela e o jogo que uniu a África do Sul* – , que foi adaptado ao cinema por Clint Eastwood para se transformar no aclamado *Invictus*, nos apresentava um líder carismático que lançava mão de todos os elementos para conseguir a união de sua nação, depois do difícil período de décadas de *apartheid*.

Sabendo do temor dos sul-africanos brancos que não abandonaram o país com o fim do segregacionismo e da vitória do CNA (Conselho Nacional Africano) nos comícios do 27, passava a colocar em ação uma mistura de unidade e reconciliação nacional e para isso, nada melhor do que o Mundial de Rúgbi, de 1995, que seria celebrado em seu país.

Fez isso contra todas as previsões, começando pelas de sua própria população, ainda dividida por raças, apesar do fim oficial do *apartheid*, decretado poucos anos antes.

> Este não é o momento de aplaudir vinganças absurda – dizia ele –, é o momento de construir nossa nação utilizando até o último tijolo disponível ainda que esse tijolo venha envolto em papel verde e dourado (da cor dos 'Springboks').

Com esse mesmo espírito e confiança em si mesmo, convenceu o capitão da equipe, François Pienaar, a ganhar o país e que compreendiam que tinham que triunfar no mundial para alcançar a paz. Ambos conseguiram que milhares de negros os apoiassem nos estádios depois de um programa de entretenimento em várias áreas pobres do país.

O Comitê de Esportes Sul-africano, em uma mostra evidente de revanchismo, queria dar as costas ao time de rúgbi, os 'Springboks', dominado pelos brancos africâneres. Uma vez que o problema racial havia chegado ao esporte, sendo o rúgbi o esporte da maioria branca enquanto os negros eram apaixonados pelo futebol, Mandela se apresentou em pleno ato para pedir a restituição da equipe de rúgbi.

> Estou aqui porque acredito que acabam de tomar uma decisão sem informação suficiente nem visão de futuro. Deve-se restituir os 'Springboks' imediatamente. Durante os anos que estive preso, aprendi o idioma dos africâneres, li seus livros porque tinha que conhecer meu inimigo antes de poder vencê-lo, e vencemos, não acha? Todos nós vencemos! Nosso inimigo já não são os africâneres, agora somos compatriotas e companheiros de democracia e para eles, o mais sagrado é sua equipe

OFICINA 3 | NO FUNDO DE SUAS EXPERIÊNCIAS

de rúgbi e se acabarmos com isso, nós os perderemos. Demonstraremos que somos como eles temiam que éramos. Não podemos ir tão baixo, temos que surpreendê-los com compaixão, temperança e generosidade.

Algumas frases de Nelson Mandela que explicam por que é um modelo de humanidade.

Prestes a sair da prisão, Badenhorst se dirigiu a mim diretamente para desejar boa sorte a mim e a meu povo. Badenhorst provavelmente tinha sido o mais cruel e selvagem comandante que havíamos tido em Roben Island. Mas esse dia, na oficina, compreendi que existia outro aspecto de sua natureza, um lado um tanto escondido de sua pessoa, mas ali estava. Sempre me serviu como lembrança que todo ser humano, inclusive os que parecem mais odiosos, têm uma parte nobre, e se seu coração for tocado, é capaz de demonstrar humanidade. Badenhorst não era o demônio. Sua falta de bondade tinha sido melhorada por um sistema não humano. Outro dos carcereiros, o oficial Swart, havia preparado uma refeição de despedida. Eu agradeci. Abracei o oficial James Gregory de modo efusivo. Durante os anos que passou me vigiando, nunca falamos de política, nossos laços não precisavam de palavras. Homens como ele me reafirmam em minha fé na humanidade.

Sempre soube que no fundo do coração humano existem misericórdia e generosidade. Ninguém nasce odiando outra pessoa por causa de sua pele, de sua origem, de sua formação ou de sua religião. As pessoas aprendem a odiar, e se os homens e mulheres conseguem aprender a odiar, também podem aprender a perdoar e a amar. O amor é mais natural ao coração humano do que seu oposto, o ódio. Inclusive nos piores momentos na prisão, quando meus companheiros e eu éramos empurrados ao vazio, eu conseguia ver um pouco de humanidade nos guardas. Talvez só um segundo, mas era o suficiente para confiar na bondade do ser humano.

"A coragem não é a ausência de medo, mas o triunfo desse instinto básico. O homem corajoso não é aquele que não sente medo, mas o que o conquista e o domina."

"Tudo parece impossível até ser feito."

"A maior glória não é nunca cair, mas sempre se levantar."

"Um homem educado não pode ser oprimido porque é capaz de pensar sozinho."

"Se quer fazer as pazes com seu inimigo, deve trabalhar com ele."

"Uma nação não deve ser julgada por como tratar seus cidadãos de melhor posição, mas sim por como tratar os que têm pouco ou nada."

Gandhi

Mahatma Gandhi (Porbandar, Índia, 2 de outubro de 1869 – Nova Délhi, União da Índia, 30 de janeiro de 1948) foi advogado, pensador e político hindu indiano.

Desde 1918, pertenceu à frente do movimento nacionalista indiano. Instaurou métodos novos de luta social, como a greve de fome, e em seus programas era contra a luta armada e realizava uma pregação da ahimsâ (não violência) como meio para resistir ao domínio britânico. Defendia e promovia amplamente a total fidelidade aos ditos da consciência, chegando até à desobediência civil, se fosse preciso; além disso, lutou pelo retorno das velhas tradições hinduístas.

Manteve contato com León Tolstói, a quem influenciou em seu conceito de resistência não violenta. Foi o inspirador da marcha do sal, uma manifestação através do país contra os impostos ao que o produto estava sujeito.

Preso em diversas ocasiões, logo se tornou um herói nacional. Em 1931, participou da Conferência de Londres, onde reclamou a independência da Índia. Em 1942, Londres enviou Richard Stafforf Cripps como intermediário para negociar com os nacionalistas, mas sem encontrar uma solução satisfatória, estes radicalizaram suas posturas. Gandhi e sua esposa, Kasturba, foram privados de sua liberdade e postos em prisão domiciliar no Palacio del Aga Khan, onde ela morreu em 1944, quando ele realizava vinte e um dias de jejum.

Sua influência moral sobre o desenvolvimento das conversas que prepararam a independência da Índia foi considerável, mas a separação com o Paquistão o desolou profundamente.

Assim que a independência foi conquistada, Gandhi tratou de reformar a sociedade indiana, começando por integrar as castas mais baixas (os *shudras* ou "escravos", os *parias* ou "intocáveis", e os *mlechas* ou "bárbaros"), e por desenvolver as zonas rurais. Foi contra os conflitos religiosos que ocorreram depois da independência da Índia, defendendo os muçulmanos no território indiano, e foi assassinado por Nathuram Godse, um fanático integracionista hinduísta, no dia 30 de janeiro de 1948, aos 78 anos. Suas cinzas foram lançadas sobre o rio Ganges.

Sobre economia política, acreditava que o capital não deveria ser considerado mais importante do que o trabalho, nem que o trabalho devesse ser considerado superior ao capital, julgando ambas as ideias perigosas; que o melhor seria a busca por um equilíbrio saudável entre esses fatores, sendo que ambos eram considerados igualmente valiosos para o desenvolvimento material e para a justiça. Foi um grande defensor do vegetarianismo e desaprovava qualquer forma de maus tratos aos animais. (*Dados extraídos da Wikipedia*)

Gandhi disse:

"A não violência é a maior força à disposição da humanidade. É mais eficiente do que a arma de destruição mais efetiva que o homem tenha inventado".

Literalmente, ahimsâ significa não violência em relação à vida, mas tem um significado muito mais amplo. Também significa que uma pessoa não pode ofender outra, devendo compadecer-se do outro, inclusive se for um inimigo. Para aqueles que seguem essa doutrina, não existem inimigos. Quem crê na eficácia dessa doutrina chega ao último estado, quando se alcança a meta, vendo o mundo a seus pés. Se expressarmos nosso amor – ahimsâ – de tal modo que marque para sempre nosso inimigo, tal inimigo nos devolverá esse amor.

Ahimsâ ou não violência, claro, implica não matar. Mas a não violência não se refere apenas a não matar, mas ahimsâ implica uma abstinência absoluta de causar qualquer dor física ou emocional a qualquer ser vivo, seja por pensamento, palavra ou obra. A não violência requer uma mente, uma boca e mãos pacíficas.

Os monges de Tibhirine

No ano de 1996, na Argélia, foram assassinados brutalmente sete monges trapistas do mosteiro de Nossa Senhora do Atlas, em Tibhirine. Eram franceses e se dedicavam à oração e ao trabalho nos campos. Eles tinham se recusado a colaborar com os guerrilheiros islâmicos aos quais chamavam de "os irmãos da montanha" e tinham organizado um grupo de oração e diálogo entre cristãos e muçulmanos, chamado "Vínculo de paz". Quando os grupos extremistas da guerrilha exigiram que todos os estrangeiros saíssem do país, eles se negaram por fidelidade à gente daquele lugar, que os apreciava e gostava deles. O mais jovem dos monges tinha 45 anos e o mais velho, 82. Exatamente depois do sequestro, receberam uma péssima notícia: os monges do Atlas tinham sido decapitados no dia 30 de maio pelos guerrilheiros fundamentalistas.

Eles, nas montanhas do Atlas, no silêncio e no serviço humilde às populações, tinham optado pela não violência e pelo diálogo com os irmãos muçulmanos. O mosteiro, nas últimas décadas, livrou-se de seus bens doando quase toda a sua terra ao Estado, compartilhando seu jardim com o povoado vizinho. Foram um exemplo diante do que hoje é o forte choque entre fundamentalismos opostos, tanto do Islã quanto do Ocidente.

São marcantes os últimos versos do padre Christophe:

"Sou seu e sigo seus passos
em meu caminho até a Páscoa…
A chama tremula, a luz se enfraquece…
Posso morrer. Aqui estou."

E este foi seu relato, escrito um tempo antes de todo o ocorrido:

Testamento dos monges de Tibhirine

Se um dia me acontecesse – e esse dia poderia ser hoje – ser vítima do terrorismo que parece querer abarcar, neste momento, todos os estrangeiros que vivem na Argélia, gostaria que minha comunidade, minha igreja, minha família, lembrem-se de que minha vida estava entregue a Deus e a este país.

Que eles entendam que o Único Mestre de toda a vida não poderia permanecer alheio a essa partida brutal. Rezem por mim. Como poderia ser considerado digno de tal oferta? Que saibam associar essa morte a outras tão violentas e abandonadas na indiferença do anonimato. Minha vida não tem mais valor do que outra vida. Também não tem menos. Em todo caso, não tem a inocência da vida. Já vivi bastante para me entender como cúmplice do mal que parece, infelizmente, prevalecer no mundo, inclusive do mal que poderia me acertar repentinamente.

Gostaria, neste momento, de ter esse instante de lucidez que me permita pedir o perdão de Deus e o de meus irmãos, os homens, e perdoar ao mesmo tempo, do fundo do coração, quem me havia ferido. Eu não poderia desejar uma morte semelhante. Acredito ser importante dizer.

De fato, não vejo como poderia me alegrar que este povo a quem amo seja acusado, sem distinção, de meu assassinato. Seria pagar muito caro pelo que se chamará, talvez, de "graça do martírio", relacioná-la a um argelino, quem quer que seja, principalmente se ele disser atuar com fidelidade ao que acredita ser o Islã.

Conheço o desprezo com que se tem podido envolver os argelinos mundialmente. Conheço também as caricaturas do Islã fomentadas por um certo islamismo. É muito fácil acreditar estar com a consciência tranquila identificando esse caminho religioso com os integrismos de seus extremistas. Para mim, a Argélia e o Islã são outra coisa, ou seja, é um corpo e uma alma. Proclamei bastante, acredito, conhecendo tudo o que recebi deles, encontrando, neles, de vez em quando, o fio condutor do Evangelho que aprendi sobre os joelhos de minha mãe, minha primeira igreja, precisamente na Argélia e, desde então, no respeito dos muçulmanos de fé.

Minha morte, evidentemente, parecerá dar razão aos que me consideram, sem saber, ingênuo ou idealista. "Que agora digam o que acham disso!"

Mas estes também devem saber que, por fim, será liberada minha curiosidade mais forte. Então poderei, se Deus quiser, unir meu olhar com o do Pai para contemplar seus filhos do Islã como Ele os vê, totalmente iluminados pela glória de Cristo, frutos de sua paixão, inundados pelo dom do Espírito, cujo júbilo secreto será sempre o de estabelecer a comunhão e restabelecer a semelhança, brincando com as diferenças.

Por essa vida perdida, totalmente minha e totalmente deles, dou graças a Deus que parece tê-la querido totalmente para esse júbilo, contra e apesar de tudo. Neste "agradecimento" está dito tudo sobre minha vida, definitivamente, e eu os incluo, claro, amigos de ontem e de hoje, e a vocês, amigos daqui, com minha mãe e meu pai, minhas irmãs e meus irmãos, e os seus, o cêntuplo concedido, como foi prometido!

E a você também, amigo de agora, que não sabe o que fez. Sim, para você também quero este "agradecimento", e este "a-Deus" em cujo rosto te contemplo. E que nos seja concedido nos reencontrarmos como ladrões felizes no paraíso, se assim Deus quiser, Pai nosso, teu e meu.

Amém! Im Jallah!

São muitas as perguntas que podem ser feitas sobre a possibilidade de superar o ódio, o rancor, o desejo de vingança. Existe uma maneira incrível de superar o mal com a força do bem, não aumentando o ódio com mais ódio, mas curando a ferida recebida com o bálsamo de um perdão incondicional.

- Cada um lê o relato, reflete sobre ele, retira o que lhe tocar, acrescenta suas próprias observações ou escreve em seu caderno pessoal.
- Se trabalharmos em grupo, abrimos um diálogo sobre o significado, as possibilidades, as características e as consequências do perdão, como aprendemos com estes e com outros relatos:
- De onde veio a força?
- O que causa os problemas da contradição humana social...?

4. Ao nosso redor

- Pode haver outros relatos mais próximos, experiências conhecidas pelos membros do grupo?
- Recorrer de alguma maneira – por escrito, com fotos, gravações, vídeos... – o relato das **pessoas conhecidas** que em seu dia a dia criam pontes de reconciliação diante dos conflitos a partir do perdão e do amor.
- Levá-los ao grupo e comentar entre todos.
- Nós perguntamos:
- De onde veio a sua força para o perdão?
- O que causou sua postura para ele ou para os outros e para os problemas do mundo?
- O perdão serve para alguma coisa?

5. "Ferramentas" para o perdão

Há diferentes "ferramentas" possíveis que podem nos transformar em construtores de pontes para o perdão.

E eu, o que faria?

- Em um painel colocar , em um extremo, diversas imagens de situações de conflito, pessoais, coletivas ou mundiais; no outro extremo, com um espaço amplo entre elas, outra imagem de um mundo reconciliado.
- Cada um pensa quais "ferramentas" utilizaria sozinho ou com outros para conseguir a reconciliação dessas situações.
- Compartilhamos as ideias em comum, escrevendo-as em vários *post-its* e colocando-as no espaço em branco entre as duas imagens.
- Perguntamos a nós mesmos se é possível, assim, conseguir um mundo reconciliado.
- O perdão serve para alguma coisa?
- Nós bastamos a nós mesmos para consegui-lo?

Podemos refletir com as músicas: *O calibre* (Paralamas do Sucesso); *Violência* (Titãs).

SÉTIMO MOMENTO: HÁ MAIS ALGUMA COISA? RUMO À TRANSCENDÊNCIA

Nós cuidamos de expor um tratado "apologético" no qual a hipótese de Deus seja objeto de uma demonstração racional, afetiva ou existencial. O filósofo Kant, desde o cepticismo da "Razão pura" só via a possibilidade de chegar a Deus como a necessidade de a "Razão prática" mostrar como prova da existência de uma justiça infinita. Mas, apesar de tudo, os argumentos racionais não chegam a satisfazer. Descobrir Deus é outra coisa...

Assim, o que nós queremos é colocar a pessoa no caminho para que a pergunta sobre Deus seja possível, mas conscientes de que a resposta pode ser afirmativa ou negativa. Cada pessoa é um mistério e cada um deve encontrar ou não essa resposta.

Sabemos que tanto o perdão entre as pessoas como o perdão recebido de Deus é profundamente libertador, por mais que não nos deixe em situação de passividade, mas nos envolva. Mas não é o efeito psicológico libertador o que procuramos, mas a resposta pessoal a uma pergunta profunda dentro do coração das pessoas, que cada um pode encontrar de diversas maneiras, por mais que estas possam ser ilusórias, provisórias, ou apenas, esperadas.

Não existe uma resposta definitiva e absoluta a tudo isso. O mistério do ser humano só pode ser respondido, de qualquer modo, com a esperança:

> A esperança que se vê não é esperança. Como pode alguém esperar o que já vê? Se esperamos o que não vemos, é com perseverança que esperamos (Rm 8,24-25).

1. Um mundo sem Deus

Como é possível resolver o imenso problema do mundo a partir da hipótese de "um mundo sem Deus"? Podemos sugerir algum vídeo que ofereça uma visão negativa desse mundo "sem Deus". Mas seria bom, igualmente, apresentar a contravisão positiva desse possível mundo sem Deus. É o modo de fazer com que as perguntas surjam.

- **Para uma visão negativa** do mundo sem Deus, podemos ver e escutar estes clipes e outros semelhantes, disponíveis na internet:
  - Bruno Bozzetto: GOD.
  - Bruno Bozzetto Big Bang.
- **Como visão positiva** desse mesmo "mundo sem Deus" podemos ver as teorias de **Stephen Hawking**:
  Existem livros para crianças, escritos por Lucy e Stephen Hawking, em estilo de aventura, nos quais suas teorias são explicadas. Os títulos são:
  - *A chave secreta para o universo*;
  - *George e o segredo do Universo*;
  - *George e a caça ao tesouro cósmico*;
  - *George o Big Bang*;
  - *George e o código secreto do universo*;
  - *George e a lua azul*;
  - Por outro lado, André Comte Sponville, em seu livro *O espírito do ateísmo*, expõe uma "espiritualidade do ateísmo", positiva...

As perguntas que ficam no ar:

- É possível uma salvação sem Deus?
- É possível que os homens possam perdoar uns aos outros? Mas quem salva? Quem perdoa o mundo?

2. Um mundo com Deus

Os óculos de Deus

"Um adversário que acabava de falecer ia a caminho do céu, onde esperava encontrar-se com o Pai Eterno para ser julgado, em um processo sem qualquer problema. Não estava nada calmo, com certeza não, porque em sua vida tinha realizado poucas coisas boas.

Enquanto se aproximava, ia procurando ansiosamente em sua consciência aquelas lembranças de coisas valiosas que tinha feito em sua vida, mas pesavam muito seus anos de explorador e aproveitador. Havia encontrado em seus bolsos alguma carta de uma pessoa a quem tinha tentado ajudar para apresentá-la a Deus como aval de suas escassas obras boas. Finalmente, chegou à entrada principal, sem poder disfarçar sua preocupação. Ele se aproximou devagar, e achou estranho ver que ali não havia fila para entrar nem viu ninguém nas salas de espera. Pensou: "Ou muito poucos clientes veem aqui ou eles entram assim que chegam…"

Continuou avançando e ficou ainda mais desconcertado ao ver que todas as portas estavam abertas e não havia ninguém para vigiá-las. Bateu o punho na porta. Ninguém atendeu. Bateu palmas, e ninguém saiu para recebê-lo. Olhou para dentro e ficou maravilhado da lindeza que era aquela mansão, mas ali não se viam nem anjos, santos, nem donzelas vestidas de luz. Ele se animou um pouco mais e avançou até chegar a uma porta de vidro… e nada. Por fim, se viu no centro do paraíso, sem que ninguém o impedisse. Pensou: 'Aqui todos devem ser pessoas honradas! Vejam, deixam a porta aberta sem ninguém para vigiá-la…!'

Pouco a pouco, foi perdendo o medo e, fascinado pelo que via, foi adentrando os pátios. Aquilo era precioso. Como se fosse possível passar a vida contemplando aquele lugar. Logo se viu na frente de algo que devia ser o escritório de alguém muito importante. Sem dúvida, era o escritório de Deus.

Claro que a porta também estava aberta. Hesitou um pouco antes de entrar, mas no céu tudo termina por inspirando confiança, por isso entrou na sala e se aproximou da mesa, uma mesa linda. Sobre ela havia uns óculos, que pensou que deviam ser os óculos de Deus. Nosso amigo não resistiu à tentação de usá-los para olhar para a Terra. Caiu em êxtase assim que os colocou. 'Que maravilha! Daqui, com estes óculos, vejo toda a Terra…!'

Com aqueles óculos, conseguia ver toda a realidade profunda das coisas sem a menor dificuldade: as intenções das pessoas, as tentações dos homens e das mulheres… tudo estava evidente diante de seus olhos.

Então, ele teve uma ideia: procuraria seu sócio dali de cima, que sem dúvida estaria na empresa na qual ambos trabalhavam; uma espécie de financeira onde praticavam a usura e até o roubo, de vez em quando. Não teve dificuldade para encontrá-lo, mas o surpreendeu em um momento ruim: naquele exato momento, seu colega estava enganando uma pobre idosa que estava ali para investir seus bens naquela empresa, em um fundo de pensão que era uma farsa. Nosso amigo, ao ver o absurdo que seu sócio estava fazendo, sentiu um forte desejo de justiça. Na terra, nunca tinha sentido nada igual. Seu desejo por justiça foi tão forte que, sem pensar em mais nada, procurou às cegas algo embaixo da mesa (o banquinho no qual Deus apoiava os pés) para jogá-lo em seu amigo, com uma pontaria tão boa que o artefato foi parar na cabeça de seu sócio, deixando-o caído no chão. Naquele momento, o homem ouviu alguns passos atrás de si. Sem dúvida, era Deus. Virou-se e, de fato, viu-se cara a cara com o Pai Eterno.

— O que está fazendo aqui, filho?

— É que… a porta estava aberta e eu entrei…

— Muito bem, mas sem dúvida poderá me explicar onde está o banquinho no qual apoio meus pés quando me sento a minha mesa de trabalho.

Reconfortado pelo olhar e pelo tom de voz de Deus, foi recuperando a serenidade.

— Bem, é que entrei neste escritório há pouco, vi os óculos sobre a mesa e tive a curiosidade de colocá-los, e dei uma olhadinha no mundo…

— Sim, sim, tudo isso está correto… está sendo muito sincero comigo, mas eu quero saber o que fez com meu banquinho.

— Olha, Senhor, quando coloquei os óculos, vi tudo com clareza e vi meu sócio. Sabe, Senhor? Ele estava enganando uma pobre idosa, fazendo um negócio que era uma mentira, e eu fiquei tomado por indignação; e a

OFICINA 3 | NO FUNDO DE SUAS EXPERIÊNCIAS

primeira coisa que encontrei foi um banquinho, e o joguei na cabeça dele. E o nocauteei, Senhor. Ele não tinha o direito! Era uma injustiça!

— Imagine se eu, toda vez que vir uma injustiça na terra, começar a jogar bancos na cabeça dos homens; não sei como estaria agora.

— Me perdoe, Senhor, tenho sido muito impulsivo, eu sei...

— Sim, claro. Não há problema no fato de você ter colocado meus óculos, filho, mas para olhar para os homens e para a terra, você se esqueceu de uma coisa, de colocar também meu coração. Na próxima vez em que se sentir indignado diante do que os outros fizerem de errado, não se esqueça de usar também meu coração de Pai; e lembre-se: só tem direito a julgar aquele que tem poder para salvar. Volte agora à terra, e te dou mais cinco anos para que pratique o que hoje à tarde passou a compreender...

E nesse momento, nosso amigo se despertou, empapado de suor, observando que pela janela entreaberta de seu quarto entrava um lindo sol.

Há histórias que parecem sonhos, e sonhos que poderiam mudar a história."

BERMEJO, José Carlos. *Regálame la salud de un cuento.* Santander: Sal Terrae, 2011, p. 82-85

Então, nos perguntamos:

- O que nos apresenta o texto que antes não conhecíamos?
- Onde está a chave para poder perdoar?
- Que conclusões tiramos para nossa vida?
- Quem pode nos trazer esse "mais" para poder perdoar?

3. Além de mim mesmo e da história

Talvez as palavras da Escritura possam abrir um novo horizonte de esperança:

Ame a todos

"Agir poderosamente está sempre ao teu alcance: quem pode resistir à força do teu braço? O mundo inteiro está diante de ti como um grão de areia na balança, como gota de orvalho matinal que cai sobre a terra. Porque tudo podes, tens compaixão para com todos e fechas os olhos aos pecados das pessoas, para que se arrependam. Sim, tu amas todos os seres, e nada detestas do que fizeste; pois se odiasses alguma coisa, não a terias criado. E como poderia subsistir alguma coisa, se não a quisesses? Ou como poderia conservar-se, se não a tivesses chamado? Mas tu poupas a todos, porque te pertencem, ó Soberano amigo da vida.

Teu espírito incorruptível está em todas as coisas."

(Sb 11,21–12,1)

Deus não fez a morte
"Deus não fez a morte, nem se diverte com a perdição dos seres vivos.
Criou todas as coisas para a existência;
As criaturas do mundo são salutares e nelas não há veneno mortal,
nem a morte tem poder sobre a terra, pois a justiça é imortal."

(Sb 1,13-15)

2. Crianças

① ITINERÁRIO PEDAGÓGICO

AMBIENTAÇÃO

Há muito mal no mundo, mas podemos repará-lo se formos capazes de usar o remédio adequado. Disso tratam muitos livros da literatura infantil e juvenil.

Orientamos selecionar histórias para explorar o tema do perdão, da reconciliação que possam ajudar as crianças na reflexão sobre o que prejudica a vida pessoal e coletiva, como também, o meio ambiente e o relacionamento entre as pessoas.

Indicamos, como sugestão o livro *Errar Faz Parte, Perdoar Faz Bem: Ensinando Crianças a Desenvolver Compaixão*, de Aline Henriques Reis e

Carmem Beatriz Neufeld (Editora Sinopsys). Neste livro, as autoras, por meio da história de um menino que não se permite errar e sofrer, refletem sobre a culpa e o sofrimento gerados por um erro, além de falar dos benefícios do perdão.

PRIMEIRO MOMENTO: DA ILUSÃO À FRUSTRAÇÃO

Quando sonhamos com algo e não podemos realizá-lo porque algum elemento adverso nos impede, somos tomados por um sentimento de frustração. As crianças precisam se tornar conscientes desses sentimentos de frustração. E compreender que, para superar esse obstáculo que nesse momento nos impede de ser felizes, temos que usar os meios para organizá-lo.

SEGUNDO MOMENTO: DA UNIÃO À SEPARAÇÃO

Não somente nos encontramos com o mal quando algo nos impede de conseguir nossos desejos, mas principalmente quando somos nós mesmos o obstáculo, os culpados, os que provocam o mal deixando que sejamos levados por nosso egoísmo, preguiça... falta de amor. Nesse caso também existe a possibilidade de restauração, de unir o que havíamos separado. Passamos assim das coisas às relações pessoais ruins. As mesmas crianças podem ser causa dessas divisões. Tudo isso nos impede de ser felizes porque nos causamos danos.

TERCEIRO MOMENTO: ACEITACÕES E RECUSAS

Há muitas crianças que sofrem, não apenas os adultos: pressão escolar, abusos causados por adultos, carências afetivas e outros. Quais sofrimentos vivem as crianças? Elas podem contar? O animador ou catequista deve fazer com que elas identifiquem esses sofrimentos para poderem ajudá-las a superá-los ou evitá-los. Deve fazer isso, por exemplo, por meio da entrevista pessoal.

QUARTO MOMENTO: O AMOR E O PERDÃO SE ABRAÇAM

Da experiência pessoal de dor e possibilidade de recuperação passamos agora à possibilidade de curar as feridas que causamos uns aos outros por meio da reconciliação. Isso é possível quando nos deixamos levar pelo amor e pelo perdão. Os contos, as histórias, como sempre são uma ajuda poderosa para "projetar" as situações de carências que as crianças vivem. É preciso que cada um aplique, por sua parte, a boa vontade, a compreensão e a aceitação dos outros com suas diferenças, como solução para viver em um ambiente feliz apesar das limitações humanas que todos temos e com as que temos que contar.

QUINTO MOMENTO: RUMO À TRANSCENDÊNCIA

É importante viver a alegria do perdão e da reconciliação sabendo que há alguém com um amor maior que pode perdoar tudo além do que todos nós podemos alcançar. O carinho e o amor gratuito que seus pais e outras pessoas próximas deles proporcionam são uma experiência importante como trampolim para a experiência do amor gratuito de Deus. Mas também há crianças que não recebem cuidados, que se sentem sozinhas e fora da sociedade e que até se veem culpadas por fazer coisas ruins: as crianças da guerra capazes de matar outras pessoas, as que se veem obrigadas a roubar e mediante outras tantas situações. Quem pode proporcionar a essas crianças a alegria do perdão?

Acima de tudo existe "Alguém" capaz de reconciliar tudo com um amor incondicional. É o perdão sem limites de Deus Pai. Se nos sentimos perdoados, podemos fazer uma festa como o banquete que o pai do filho pródigo preparou para seu filho. Nós nos alegramos porque nos sentimos perdoados, porque sabemos que somos amigos, porque Deus Pai nos vê como somos. Sempre que nos sentimos mal por nossas brigas e egoísmos, recorremos a Ele com confiança, e Ele nos perdoa.

② DESENVOLVIMENTO DA OFICINA

AMBIENTAÇÃO

Partimos de uma contação de história com a intenção de apresentar às crianças a experiência de recompor algo estragado usando os meios necessários para sua reconstrução.

> ### O menino e os pregos
>
> "Era uma vez um menino que tinha um caráter muito ruim. Um dia, seu pai deu a ele uma sacola com pregos e lhe disse que deveria pregar um prego na cerca, atrás de sua casa, cada vez que perdesse a calma.
>
> No primeiro dia, o menino pregou 37 pregos na cerca. Mas pouco a pouco, foi se acalmando, porque descobriu que era muito mais fácil controlar seu caráter do que pregar os pregos na cerca. Finalmente, chegou o dia em que o menino não perdeu a calma para nada e disse ao pai, e então este sugeriu que a cada dia que controlasse seu caráter, deveria tirar um prego da cerca. Os dias passaram e o jovem pode finalmente dizer ao pai que já havia retirado todos os pregos da cerca. Então, o pai levou o filho, pela mão, até a cerca.
>
> — Olha, filho, você fez tudo certo, mas veja os furos que ficaram na cerca. A cerca nunca mais será como antes. Quando diz ou faz coisas com raiva, deixa uma cicatriz, como esses furos na cerca. É como esfaquear alguém: ainda que não volte a fazer isso, a ferida estará feita. Não importa quantas vezes você venha a pedir perdão, a ferida estará ali. E uma ferida física é tão grave quanto uma ferida verbal. Os amigos são verdadeiras joias a quem devemos valorizar. Eles sorriem e te animam a melhorar. Eles te ouvem, dizem uma palavra de alento e sempre têm o coração aberto para te receber."

Ideias que destacaremos com as crianças:

> Quando somos injustos por nosso mau caráter, causamos danos. Os danos causam feridas, o mal pode ser curado; no entanto, deixa cicatrizes.

PRIMEIRO MOMENTO: DA ILUSÃO À FRUSTRAÇÃO

A experiência da frustração é importante no amadurecimento da pessoa: não pode realizar algo que queira, muitas vezes devido ao fato de os objetos se deteriorarem e não poderem realizar a função para a qual foram criados. Por exemplo:

1. Uma partida

Quando todos estão preparados para jogar, descobrem que a bola está em mau estado, murcha. Não pode cumprir sua função. Como solucionar isso se não temos outra bola? Ou pode ocorrer que falte uma bola, e então nos perguntamos o que está acontecendo, por que não há uma bola.

2. Uma corrida

Uma corrida de patinetes. Na última hora, nos damos conta de que alguns deles estão quebrados: faltam as rodas ou qualquer outra coisa...

3. Um jogo de construções

Mais adequado para crianças menores: faltam peças ou estão em mau estado.

- Em todos esses casos, o principal é comentar o que aconteceu, como nos sentimos e como podemos resolver isso.
- Quando alguma coisa se estraga ou se rasga, ficamos mal, frustrados e precisamos reparar o dano.
- Os sentimentos de frustração, tédio e raiva que afloram no jogo são os mais importantes neste momento.

SEGUNDO MOMENTO: DA UNIÃO À SEPARAÇÃO

As brigas

É muito frequente que ocorram brigas entre as crianças quando estão juntas. Elementos como competitividade, o desejo de liderança, querer impor aos outros suas próprias vontades, o monopolizar, a agressividade que muitas vezes presenciam em seus lares... dentre outros, manifestam-se em suas brincadeiras e atividades. Como tomar consciência das brigas que as crianças vivem em seus ambientes mais frequentes: família, colégio, grupo de colegas e bairro?

Um desenho de jornalistas

GERO, o jornalista mais dedicado.

Irene e Pablo são as crianças que estão vendo a briga de dois amigos de seu bairro…

…e decidem pedir ajuda ao jornalista Gero, o jornalista mais dedicado.

Gero decidi correr para lá para se informar...

E pergunta a nós: Querem me ajudar a investigar o que está acontecendo?

Uma possibilidade, partindo desses desenhos ou de outros, é incentivar as crianças para que se tornem jornalistas:

- Para que se dediquem a registrar por escrito e com fotos ou desenhos as brigas que, durante uma semana, presenciaram ou das quais participaram na escola, no bairro, na cidade...
- As brigas dividem e causam problemas. Que depois todos reflitam sobre o que aconteceu, por que aconteceu, quem fez acontecer, como nos sentimos, como tudo terminou...
- Podem anotar todas as coisas e agrupá-las conforme contem o ocorrido em cada caso.
- Podem até criar um jornal — AS CRIANÇAS FALAM — com todos esses materiais e mais...

TERCEIRO MOMENTO: ACEITAÇÕES E RECUSAS

É preciso se aprofundar um pouco mais nos problemas ocorridos nas relações humanas. Por isso é necessário que as crianças cheguem a expressar situações pessoais ou conhecidas relacionadas à pressão escolar, aos complexos de inferioridade, às carências afetivas por famílias desestruturadas, dentre outras situações.

Quando for um tema muito delicado e de grande privacidade, terá que haver muito cuidado para respeitar sempre a intimidade de cada pessoa. Tomara que as crianças que precisem encontrem o apoio adequado para se desafogar e superar os problemas.

Nesse momento, terá muita importância o papel dos animadores ou catequistas que ocuparão a função de companheiros próximos e respeitosos do processo, com grande respeito à privacidade...

O baú de meus segredos

Pode haver um "baú de segredos" onde as crianças podem ir depositando experiências diversas vividas por elas devido à pressão, a piadas por algum defeito físico ou pela forma de ser, por terem se sentido discriminadas, por terem determinada raça ou cultura, ou por sofrimento por carências afetivas (família desestruturada ou outros)...

Se for possível, os animadores ou catequistas podem registrar essas experiências e fazer uma valorização dos sofrimentos reais, profundos das crianças, e programar entrevistas pessoais ou outro tipo de intervenção de acordo com as diversas circunstâncias.

Pautas para o animador nos possíveis encontros pessoais com as crianças

- Começo do encontro com uma acolhida afetuosa e calorosa que gere confiança na criança. (Poderia utilizar algum jogo interativo)
- Exercício de foto-palavra para que as crianças expressem seus sentimentos em relação a sua família:
- Decidir de qual foto mais gosta... Por quê?
- Decidir de qual foto menos gosta... Por quê?
- Utilizando várias fotos da sala, pergunte à criança com quais companheiros ela gostaria de ir à excursão e por quê. Em um segundo momento, enfatizar o contrário, dizer com quem não iria e por quê.

- Questionário de orientação para dialogar com as crianças sobre suas relações na família, se está feliz com ela, se está entediado com algum de seus membros; na escola, se está tendo conflitos com algum colega de classe, se tem boa relação com os professores, se tem problema para aprender.

É preciso tentar chegar a acordos para buscar soluções. Cuidarão principalmente do tom das entrevistas, o ambiente onde se reunirão e criar um clima caloroso de proximidade onde relaxem e se sintam à vontade expressando seus problemas.

QUARTO MOMENTO: O AMOR E O PERDÃO SE ABRAÇAM

As crianças precisam descobrir que o amor e o perdão são as únicas coisas que podem curar as feridas do coração. Quando nos reconciliamos, sentimos uma alegria profunda que nos ajuda a crescer como pessoas e a ser felizes.

1. Solucionar os problemas e os conflitos

Se já aconteceu de tratar com algumas crianças esses problemas pessoais, pode ser de grande ajuda inventar uma história, um conto, com o que as crianças trouxeram, mas com um final feliz onde o amor e o perdão curem e restaurem a felicidade perdida pelo desamor. Como exemplo, a história seguinte pode nos dar ideias.

Reunião na selva

"Em um lugar da selva africana, no meio de uma vegetação exuberante, onde as árvores eram centenárias, a cor tomava todos os cantos e o sol brilhava reluzindo entre os galhos de árvores, havia um grupo de animais reunido para preparar uma viagem de férias fora da selva.

O leão, como era o rei, presidia a reunião. Tinham sido convocados o cervo, o elefante, a ursa com seus filhotes, a temível hiena, o ouriço, a família dos tigres, o gambá... E todos os animais do lugar.

O leão tomou a palavra:

— Queridos amigos e amigas, todos sabem que nesta época do ano nós planejamos uma viagem de férias, mas nunca conseguimos ir porque não conseguimos entrar num acordo.

— É verdade — disse o elefante, movendo a bela tromba. — Vamos ver se conseguimos, este ano.

A hiena, rindo com ironia, propôs que eles fossem à montanha para relaxar e mudar de ar, e o tigre gritou muito irritado:

— Pare agora com essa risadinha tão desagradável!

Nesse momento, o tímido cervo, com uma voz bem baixa, tentou falar...

— Parece ser uma boa...

— Cale-se, você não sabe de nada! — disse o leão.

O pobre cervo, assustado, se escondeu atrás de uma árvore, tremendo de medo.

Nesse momento, o macaco interveio e disse:

— Também poderíamos ir à praia. Dizem que o mar é imenso e que há muitos peixes de todos os tamanhos...

O leão disse:

— Podemos votar para decidir o lugar aonde queremos ir, à praia ou à montanha.

— Concordamos — disseram todos.

Votaram depressa e decidiram, por maioria, que era melhor irem à praia.

O leão voltou a falar:

— Agora temos que organizar a viagem... A primeira coisa seria alugar um ônibus grande no qual caibamos todos...

Naquele exato momento, houve uma grande algazarra: alguns protestavam pelo mau cheiro que havia dentro do ônibus por causa do gambá, outros achavam que o ouriço acabaria por machucá-los em seus assentos, alguns se queixavam do riso da hiena, que incomodaria muito em um recinto fechado... Enquanto isso, o cervo permanecia atrás da árvore, incapaz de se expressar por sentir medo dos gritos do leão.

A ursa, que durante todo o tempo estava com seus filhos, pediu a atenção de todos os presentes batendo palma com força:

— Escutem, todos! Queremos uma viagem feliz, todos juntos? Pois para isso temos que entrar em um acordo e superar nossas diferenças. Eu acredito que podemos organizar as coisas da seguinte maneira: para solucionar o mau cheiro do gambá, abriremos as janelas do ônibus; o ouriço se sentará perto do motorista, cujo assento é maior. Pediremos à hiena que nos conte piadas e assim ela vai tornar a viagem mais divertida.

Enquanto a ursa falava, a pequena tartaruga, em um canto, longe do grupo, olhava com tristeza para os ursinhos que brincavam sem parar, e também para a mamãe deles. De repente, a mãe ursa se deu conta da presença dela e, olhando para ela com carinho, disse:

— Por que está tão triste, tartaruguinha?

— Porque eu não conheci minha mamãe; nunca me fez carinho e nunca pude brincar com ela...

— Então, a partir de hoje, você ficará comigo e com meus filhinhos, e vou te adotar para que tenha uma família — disse a mãe ursa.

Ao ver o que a mãe ursa fazia com a tartaruga, o leão ficou pensativo, reconhecendo que tinha se equivocado com o cervo. Aproximou-se dele com ternura e pediu perdão pelos rugidos. O cervo se deu conta de que o leão não era tão feroz e que, apesar de sua cara de forte, ele tinha um coração generoso e compreensivo. Assim, ele o lambeu com carinho e decidiram se sentar juntos durante a viagem.

Todos os animais aplaudiram e, muito felizes, correram para arrumar suas malas para a viagem."

Independentemente de usar esta história ou outra, é preciso refletir sobre as atitudes dos personagens, e ver quais são os problemas, por que surgem os conflitos e como podem ser solucionados e relacioná-los a todas as experiências que as crianças tenham, falar da reconciliação...

QUINTO MOMENTO: RUMO À TRANSCENDÊNCIA

1. Sou amado

Deve conseguir fazer com que as crianças cheguem a perguntar a si mesmas se são amadas em casa e de que maneira percebem isso. Por exemplo,

OFICINA 3 | NO FUNDO DE SUAS EXPERIÊNCIAS

quando fazemos uma travessura: como as pessoas reagem em casa? Elas me perdoam?

Há muitas maneiras de fazer isso: escrevendo, desenhando, apresentando-se aos outros...

Tanto em grupo como individualmente, o animador ou catequista deve ajudá-las a descobrir as consequências que têm para elas o fato de serem "amadas".

2. Outras realidades

O mal está presente na vida das crianças. Nele elas têm experiência, indireta e direta (violência, carências afetivas, falta de respeito, egoísmo...). E as "crianças da rua", que vivem mal, que são maltratadas, abandonadas, perseguidas ou até mesmo se consideram ruins? Quem ama essas crianças? Elas só merecem castigo? Se não há ninguém que as perdoe, o que pode acontecer? Eu peço perdão alguma vez? A quem? Por quê? Sempre me perdoam em casa, na escola...?

É muito bonito o romance *Oliver Twist*, de Charles Dickens, e também o filme, em algumas de suas versões: Quem ama aquelas crianças? Se elas mesmas sentem que são ruins e sem valor... quem poderá escolhê-las, perdoá-las...?

3. Existe alguém que perdoa sempre

Além das falhas e das limitações humanas, está o amor gratuito de Deus, Pai bom, que ama incondicionalmente. A parábola do "filho pródigo é o paradigma desse amor de Deus Pai: além das falhas e limitações humanas, está o amor gratuito de Deus, Pai bom, que nos ama incondicionalmente.

São muitas as coisas que podem ser feitas relacionadas à parábola:

- Contar a parábola, comentá-la, fazer cartazes com ela...
- Permitir um tempo de silêncio e meditação...
- Se meus pais e minha família me perdoam... quem dá perdão a eles?

4. Celebração do banquete do perdão

É possível fazer uma pequena festa do perdão ou da reconciliação.

- É preciso realizá-la em um local adequado.
- As crianças podem se encarregar de preparar um lanche para dividir.
- A celebração tem que ser bem motivada. Podem aproveitar o ensejo de alguma circunstâncias que esteja acontecendo na escola, na catequese, na cidade, com os amigos…
- "Queremos voltar a ser amigos. Queremos pedir perdão e perdoar."
- As crianças se posicionam formando um círculo e o animador ou catequista sugere e incentiva para que, se alguém tiver algum conflito com algum membro do grupo, que fique a seu lado.
- Eles fazem as pazes, usando todo o tempo que seja preciso para isso.
- Depois disso, o animador ou catequista diz em voz alta: "Amigos sempre unidos!", e as crianças, de mãos dadas, respondem mais alto ainda: "Sempre!".
- O gesto deve ser repetido três vezes, subindo o tom de voz cada vez mais.
- É possível cantar uma música ou escutar um poema como este:

Aqui estamos, Senhor,
Mostrando
nossos sentimentos.
Pedindo que limpe
nosso coração
Para sentir que está
próximo de nós.
Nós estamos tranquilos,
relaxados.
Imaginamos que somos
como um grande rio
E que de nós brota
Uma corrente de
amor e de perdão
Que nos enche de alegria.

Pensamos nas pessoas
que nos amam…
Também naquelas
com que vamos
Nos encontrar hoje,
Nas que me desagradam
E naquelas a quem
eu desagrado.
Imagino que sou como
um rio de paz e alegria
Que inunda a todos:
Animais, pássaros,
árvores…
E todas as pessoas.

- Depois da leitura do poema, nós nos abraçamos com o desejo de nos amarmos e perdoarmos.
- Aplaudimos e nos abraçamos.

EPÍLOGO

Novos caminhos na transmissão da fé

Nós, que elaboramos essas "oficinas", somos muito conscientes da grande dificuldade exigida para que nos afastemos da metodologia própria da "catequese" para oferecer algo diferente que incida diretamente no estritamente "experiencial". Não sabemos ao certo se conseguimos. Mas estamos convencidos de que sem a "experiência de Deus" não existe catequese que valha.

Sabemos que o grande *déficit* da catequese hoje é a ausência dessa experiência de Deus e que, de modo comum e forçados pelas circunstâncias, os catequistas se veem obrigados a oferecer catequese sem a base prévia e necessária de um "primeiro anúncio" da fé. Acreditamos que essas oficinas não têm por que ser esse "primeiro anúncio", mas talvez possam facilitá-lo. Por isso o que fazemos é uma oferta "humilde" e, certamente, imperfeita. Mas também é possível e rica, capaz de despertar a imaginação dos evangelizadores e catequistas para ir avançando por caminhos novos na transmissão da fé.

> A centralidade do kerygma requer certas características do anúncio que hoje são necessárias em toda a parte: que exprima o amor salvífico de Deus como prévio à obrigação moral e religiosa, que não imponha a verdade mas faça apelo à liberdade, que seja pautado pela alegria, o estímulo, a vitalidade e uma integralidade harmoniosa que não reduza a pregação a poucas doutrinas, por vezes mais filosóficas que evangélicas. Isto exige do evangelizador certas atitudes que ajudam a acolher melhor o anúncio: proximidade, abertura ao diálogo, paciência, acolhimento cordial que não condena (*Evangelii Gaudium*, n. 165).

A teoria é clara e sugestiva. Mas não a prática. Depende, em grande parte, da qualidade dos mesmos catequistas chamados cada vez mais para serem "acompanhantes" de processos, mais do que professores de doutrina. Sobram livros e é cada vez mais necessário o testemunho de uma fé e experiência pessoal, alegre e entusiasta e, no entanto, discreta e respeitosa. O diálogo e o encontro pessoal são cada vez mais chave de uma pedagogia catequética e iniciática. O papa Francisco tem dito com palavras sempre incentivadoras, alegres, cheias de esperança e de interpelação:

> A Igreja deverá iniciar os seus membros – sacerdotes, religiosos e leigos – nesta "arte do acompanhamento", para que todos aprendam a descalçar sempre as sandálias diante da terra sagrada do outro (cf. Ex 3,5). Devemos dar ao nosso caminhar o ritmo salutar da proximidade, com um olhar respeitoso e cheio de compaixão, mas que ao mesmo tempo cure, liberte e anime a amadurecer na vida cristã (*Evangelii Gaudium,* n. 169).

> Mais do que nunca precisamos de homens e de mulheres que conheçam, a partir de sua experiência de acompanhamento, o modo de proceder onde reinem a prudência, a capacidade de compreensão, a arte de esperar, a docilidade ao Espírito, para no meio de todos defender dos lobos as ovelhas a nós confiadas que tentam desgarrar o rebanho. Precisamos de nos exercitar na arte de escutar, que é mais do que ouvir. Escutar na comunicação com o outro, é a capacidade do coração que torna possível a proximidade, sem a qual não existe um verdadeiro encontro espiritual. Escutar ajuda-nos a individuar o gesto e a palavra oportunos que nos desinstalam da cômoda condição de espectadores. Só a partir desta escuta respeitosa e compassiva é que se pode encontrar os caminhos para um verdadeiro crescimento genuíno, despertar o desejo do ideal cristão, o anseio de desenvolver o melhor de quanto Deus semeou na nossa própria vida (*Evangelii Gaudium,* n. 171).

A experiência religiosa, a experiência de Deus, não pode ser programada como se programam outras coisas. A experiência religiosa, a experiência de Deus, não é manipulável. A experiência de Deus não pode ser imposta. O sussurro, a sugestão e o acompanhamento são essenciais. Também o silêncio.

É nosso desejo que esses caminhos que temos sugerido como "oficinas", conduzidos por mãos capazes, prudentes e apaixonadas por Deus em Jesus Cristo, possam servir de canal para que algumas pessoas – crianças, adolescentes, jovens ou adultos – encontrem o Senhor como caminho de sua própria humanização e em benefício de uma sociedade mais justa.

Índice

Prefácio, 7

Apresentação: Caminhos concretos para uma catequese experiencial, 9

Introdução: Uma iniciação cristã experiencial, 11

1. Marco-base de compreensão, 11

Opção pelo iniciático, 11

Uma experiência no processo, 12

Os sujeitos da experiência, 13

Experiência de Deus, 13

A experiência de Deus vivenciada hoje, 16

2. Elementos pedagógicos para as oficinas, 16

Aspectos fundamentais, 16

As oficinas, 18

3. Algumas observações prévias, 18

Acompanhamento, 18

Caderno pessoal, 19

Tempo, 19

Ordem das oficinas, 19

OFICINA 1 – O SILÊNCIO DA VIDA, 21

1. Jovens, adultos e idosos, 24

1. Itinerário pedagógico, 24

Ambientação, 24

Primeiro momento: Experiências de observação da realidade, 24

Segundo momento: Os ruídos, o profundo e o amor, 25

Terceiro momento: Personalizar a experiência, 25

Jovens, 25

Idosos, 26

Quarto momento: Rumo à transcendência

2. Desenvolvimento da oficina, 27

Ambientação: Ruídos na cidade, 27

Primeiro momento: Experiência de observação da realidade, 28

    1. Ver e ouvir, 28

    2. Em contato com a natureza, 28

Segundo momento: Os ruídos, o profundo e o amor, 29

    1. Uma parábola, 29

    2. Músicas, 30

Terceiro momento: Personalizar a experiência, 30

    Jovens e adultos, 30

    Idosos, 32

    1 Retrato da minha vida, 32

    2. A caixa de lembranças, 34

    3. Mais uma música, 34

Quarto momento: Encontro consigo mesmo – Rumo à transcendência, 35

    Jovens, adultos e idosos, 35

      1. Preencher o silêncio com a própria vida, 35

      2. Nosso eu mais profundo, 36

2. Crianças, 38

  1. Itinerário pedagógico, 38

  Ambientação, 38

  Primeiro momento: Um mundo de ruídos, 39

  Segundo momento: Os ruídos, 39

  Terceiro momento: O valor do silêncio, 39

  Quarto momento: Gosto de fazer silêncio, 39

  Quinto momento: Quem fala no silêncio rumo à transcendência, 40

  2. Desenvolvimento da oficina, 40

  Ambientação: A cidade do ruído, 40

  Primeiro momento: Um mundo de ruídos, 41

  Segundo momento: O valor do silêncio, 42

    1. Jogo dos ruídos, 42

    2. Os "ruídos", 42

    3. Um ato de "protesto", 43

Terceiro momento: Gosto de fazer silêncio, 44

    1. Eu gosto do silêncio?, 44

    2. Utilizar o silêncio, 44

Quarto momento: Quem fala no silêncio? Rumo à transcendência, 45

    1. O silêncio do corpo, 45

    2. O silêncio do eu, 46

OFICINA 2 – NÃO É SÓ ISSO, 49

1. Adultos, 51

1. Itinerário pedagógico, 51

Ambientação, 51

Primeiro momento: As "coisas" não são tudo, 51

Segundo momento: Há outros valores que não são materiais, 52

Terceiro momento: Outros foram além, 53

Quarto momento: rumo a transcendência, 54

2. Desenvolvimento da oficina, 54

Ambientação: O que os idosos veem, 54

Primeiro momento: As "coisas" não são tudo..., 55

    1. Uma reunião de frases populares, 55

    2. Remover as coisas, 56

    3. A história das coisas, 57

Segundo momento: Há outros valores que não são materiais, 57

    1. Momentos de felicidade, 57

    2. Um fim de semana inteiro sério, 58

    3. Uma música: Tempos modernos, 58

    4. Quando tudo termina, 58

Terceiro momento: Outros foram além, 59

    Inácio, 59

    Etty Hillesum, 60

Quarto momento: Rumo à transcendência, 62

    1. Momentos de interioridade, 62

    2. Reuniões, 66

    3. Um poema, 66

2. Jovens, 68

1. Itinerário pedagógico, 68

Ambientação, 68

Primeiro momento: As "coisas" não são tudo, 69

Segundo momento: Há outros valores que não são materiais, 69

Terceiro momento: Uma vida misteriosa, 69

Quarto momento: Rumo à transcendência, 70

2. Desenvolvimento da oficina, 70

Ambientação, 70

Primeiro momento: As "coisas" não são tudo, 70

Deixarmos as coisas, 70

Segundo momento: Há outros valores que não são materiais, 71

1. Uma tarefa a realizar, 71

2. Uma casa para cuidar, 71

3. Uma comida, 71

4. Um "fim" de caminho, 71

Terceiro momento: Uma vida misteriosa, 72

1. Um testemunho interpelante, 72

2. Outros foram além..., 72

Quarto momento: Rumo à transcendência, 72

1. Atitudes e sentimentos, 72

2. Um poema, 72

3. Crianças, 73

1. Itinerário pedagógico, 73

Primeiro momento: As coisas não são tudo, 73

Segundo momento: Há outros valores que não são materiais, 73

Terceiro momento: Rumo à transcendência, 74

2. Desenvolvimento da oficina, 74

Primeiro momento: As coisas não são tudo..., 73

1. Um livro e um filme: Charlie e a fábrica de chocolate, 74

2. Uma história: As três bolinhas de gude, 78

Segundo momento: Há outros valores que não são materiais, 80

1. A necessidade do ambiente familiar, 80

2. Descobrir o valor da alegria, 81

ÍNDICE

3. As cores da amizade, 81

4. O valor de descobrir as coisas bem feitas, 82

Terceiro momento: Rumo à transcendência, 83

1. O ritual de se deitar, 83

2. Histórias para nos fazer dar o salto, 83

O ritual dos índios cherokee, 83

O menino que tocava Mambrú foi para a guerra, 84

3. Quando as coisas falham, 84

"E eu tinha culpa", 85

OFICINA 3 – NO FUNDO DE SUAS EXPERIÊNCIAS, 87

3.1 A EXPERIÊNCIA DO AMOR, 89

A oficina, 90

Jovens, adultos e idosos, 91

O "diário do amor", 91

1. Itinerário pedagógico, 91

Primeiro momento: O amor visto de fora, 91

Segundo momento: Como eu amo?, 92

Terceiro momento: Como o amor tem acontecido comigo?, 92

Quarto momento: O amor pleno é possível?, 92

Quinto momento: Rumo à transcendência, 93

2. Desenvolvimento da oficina, 93

Primeiro momento: O amor visto de fora, 93

1. O que algumas pessoas dizem sobre o amor, 93

2. Diário do amor, 94

3. Debate sobre o amor, 95

Segundo momento: Como eu amo?, 96

1. Como é minha maneira de amar, 96

2. Um amor concreto, 99

Terceiro momento: Como o amor tem acontecido comigo?, 101

1. As coisas de casa..., 102

Um poema: Sempre a casa, 102

Uma música: A casa é sua, 103

2. Histórias de amor e desamor, 103

3. O amor é..., 103

Quarto momento: O amor pleno é possível?, 104

   1. Um canto ao amor, 104

   2. Até onde você é capaz de amar?, 105

   3. Amores plenos, 105

   4. Sair na rua..., 107

Quinto momento: Rumo à transcendência, 107

   1. É possível amar ou viver sem ter sido amado?, 107

   2. Um contraponto: Síntese de um filme, 108

   3. Um tempo para a interioridade, 109

2. Crianças, 111

1. Os amigos, 112

1. Itinerário pedagógico, 112

Primeiro momento: A verdadeira amizade, 112

Segundo momento: Sou um amigo de verdade?, 112

Terceiro momento: Os amigos nos ajudam a crescer, 113

Quarto momento: Rumo à transcendência, 114

2. Desenvolvimento da oficina, 114

Primeiro momento: A verdadeira amizade, 114

   1. Um relato sobre a amizade: A minhoca e o besouro, 114

   2. O troféu da amizade, 116

Segundo momento: Sou um amigo de verdade?, 117

   Um texto adaptado: O canto à amizade, 117

Terceiro momento: Os amigos nos ajudam a crescer, 119

   1. Meus amigos e eu. O sociograma, 119

   2. Histórias de amigos, 119

   3. Quando os amigos falham..., 120

Quarto momento: Rumo à transcendência, 120

   1. O modo de reagir, 120

   2. Deus passa incógnito..., 121

   3. Um poema de Gloria Fuertes: "Um homem pergunta", 121

   4. Jesus, 122

2. A família, 122

1. Itinerário pedagógico, 122

Primeiro momento: Minha família me ama, 122

Segundo momento: Como amo minha família, 123

Terceiro momento: Rumo à transcendência, 123

2. Desenvolvimento da oficina, 124

Primeiro momento: Minha família me ama, 124

Filme ou conto: Pinóquio, 124

Segundo momento: Como amo minha família, 129

1. Um relato: A fatura, 129

2. A fatura da minha família, 130

Terceiro momento: Rumo à transcendência, 131

1. Quem te ama mais, 131

2. Uma carta, 131

3. Balões, 131

4. Silêncio, 131

3. 2. A EXPERIÊNCIA DO VOCÊ, 132

1. Jovens, adultos e idosos, 133

1. Itinerário pedagógico, 133

Ambientação, 133

Primeiro momento: Quem sou eu, 134

Segundo momento: O eu e o você, 134

Terceiro momento: O você e o eu, 135

Quarto momento: Somos diferentes, mas iguais (Somos "nós"), 135

Quinto momento: Para a transcendência, 136

2. Desenvolvimento da oficina, 136

Ambientação: Síntese de *Intocáveis*, 136

Primeiro momento: Quem sou eu, 137

1. Algo além do que faço, 137

2. Se fosse..., 138

3. A janela de Johari, 139

Segundo momento: O eu e o você, 140

1. Marcas, 140

2. Pessoas e coisas, 140

3. Um conto: Você e eu, 141

4. A própria experiência, 141

Terceiro momento: O você e o eu, 141

1. Os preconceitos: O jogo das etiquetas, 141

2. O sofrimento alheio, 142

Quarto momento: Somos diferentes, mas iguais (Somos "nós"), 142

1. Os papéis, 142

2. Um relato: Unidos na diferença, 143

Quinto momento: Rumo à transcendência, 144

1. Zoom cósmico, 144

2. Observando o universo, 145

3. A pessoa se abre à transcendência, 145

2. Crianças, 146

1. Itinerário pedagógico, 146

Primeiro momento: O espaço da música – Eu sou uma pessoa, 146

Segundo momento: Os outros também são pessoas, 147

Terceiro momento: O espaço dos antepassados – Somos "nós", 147

Quarto momento: O espaço da intimidade – Uma família humana, 148

Quinto momento: O espaço da humanidade – Rumo à transcendência, 148

2. Desenvolvimento da oficina, 148

Primeiro momento: O espaço da música: Eu sou uma pessoa, 148

Canções, 148

Segundo momento: Os outros também são pessoas, 147

1. O espaço das pessoas: A árvore, 149

2. O espaço do conto: A justiça do rei, 150

3. O espaço das etiquetas: Os preconceitos, 152

Terceiro momento: O espaço dos antepassados (Somos "nós"), 152

Quarto momento: O espaço da intimidade – Uma família humana, 153

Quinto momento: O espaço da humanidade – Rumo à transcendência, 154

1. Um poema, 154

2. Uma música, 154

ÍNDICE

3.3. A EXPERIÊNCIA DE ALEGRIA, 155

1. Jovens, adultos e idosos, 156

1. Itinerário pedagógico, 156

Ambientação, 156

Primeiro momento: A alegria coletiva, 157

Segundo momento: Minha alegria pessoal, 157

Terceiro momento: Uma alegria plenamente humana, 158

Quarto momento: Rumo à transcendência, 158

2. Desenvolvimento da oficina, 159

Ambientação: Textos e músicas, 159

Primeiro momento: A alegria coletiva, 162

1. A festa, 162

2. A convivência, 162

3. O riso, a alegria, o júbilo, 165

Segundo momento: Minha alegria pessoal, 166

1. Testemunhos, 166

2. Autobiografia, 169

Terceiro momento: Uma alegria plenamente humana, 171

1. Nos sentirmos juntos e viver, 171

2. Observando as estrelas: "Somos tudo", 172

Quarto momento: Rumo à transcendência, 173

1. Alguém me convida a ser feliz, apesar de tudo, 174

2. Entrevista com uma pessoa de fé, 174

3. Um tempo de meditação: A fonte

4. Sem final, 176

2. Crianças, 176

1. Itinerário pedagógico, 176

Ambientação

Primeiro momento: A alegria coletiva, 177

Segundo momento: Testemunhos, 177

Terceiro momento: Uma alegria plenamente humana, 178

Quarto momento: Rumo à transcendência, 178

2. Desenvolvimento da oficina, 179

Ambientação: Um conto (*O trenzinho rosa*), 179

Primeiro momento: A alegria coletiva, 182

   1. A festa, 182

   2. O álbum das festas, 182

   3. A convivência, 183

   4. Observamos nossa casa, 186

   5. Encenações, 186

Segundo momento: Testemunhos, 186

Terceiro momento: Uma alegria plenamente humana, 187

Quarto momento: Rumo à transcendência, 188

3.4. A EXPERIÊNCIA DO PERDÃO, 189

1. Jovens, adultos e idosos, 190

1. Itinerário pedagógico, 190

Ambientação, 190

Primeiro momento: Um mundo de injustiça, 190

Segundo momento: Ofensores e ofendidos, 191

Terceiro momento: A própria culpa, 191

Quarto momento: O mundo tem problemas, 192

Quinto momento: Um caos de contradições, 193

Sexto momento: Amor e ponte, 193

Sétimo momento: Há mais alguma coisa? Rumo à Transcendência, 194

2. Desenvolvimento da oficina, 194

Ambientação: Etty Hillesum, 194

Primeiro momento: Um mundo de injustiça, 195

   1. Os que odeiam, 195

   2. Os que não perdoam, 196

   3. O muro da falta de comunicação, 197

   4. Os muros da vergonha, 199

Segundo momento: Ofensores e ofendidos, 200

   1. A rede vazia, 200

   2. A carta, 201

   3. Passando à ação, 201

   4. Perguntas sem respostas, 202

Terceiro momento: A própria culpa, 202

    1. A "esmola espiritual", 202

    2. Descubra suas próprias "feridas", 203

Quarto momento: O mundo tem problemas, 204

    1. A convivência humana, 204

        • O matrimônio ou o casal, 205

        • O grupo de amigos, 205

        • O grupo de trabalho, 206

        • Na evangelização, 207

    2. Não somos inocentes, 208

Quinto momento: Um caos de contradições, 210

    Minha contradição, 210

Sexto momento: Amor e ponte, 212

    1. Perguntas pendentes, 212

    2. "Do outro lado do rio", 212

    3. Aqueles que encontraram uma luz, 213

        Nelson Mandela, 213

        Gandhi, 216

        Os monges de Tibhirine, 218

    4. Ao nosso redor, 220

    5. "Ferramentas" para o perdão, 221

Sétimo momento: Há mais alguma coisa? Rumo à transcendência, 221

    1. Um mundo sem Deus, 222

    2. Um mundo com Deus, 223

    3. Além de mim mesmo e da história, 225

2. Crianças, 226

1. Itinerário pedagógico, 226

    Ambientação, 226

    Primeiro momento: Da ilusão à frustração, 227

    Segundo momento: Da união à separação, 227

    Terceiro momento: Aceitações e recusas, 227

    Quarto momento: O amor e o perdão se abraçam, 227

    Quinto momento: Rumo à transcendência, 228

2. Desenvolvimento da oficina, 228

Ambientação: "O menino e os pregos", 228

Primeiro momento: Da ilusão à frustração, 229

    1. Uma partida, 229

    2. Uma corrida, 230

    3. Um jogo de construções, 230

Segundo momento: Da união à separação, 230

Terceiro momento: Aceitações e recusas, 232

Quarto momento: O amor e o perdão se abraçam, 234

    1. Solucionar os problemas e conflitos, 234

Quinto momento: Rumo à transcendência, 236

    1. Sou amado, 236

    2. Outras realidades, 237

    3. Existe alguém que perdoa sempre, 237

    4. Celebração do banquete do perdão, 237

Epílogo: Novos caminhos na transmissão da fé, 239,

CULTURAL
Administração
Antropologia
Biografias
Comunicação
Dinâmicas e Jogos
Ecologia e Meio Ambiente
Educação e Pedagogia
Filosofia
História
Letras e Literatura
Obras de referência
Política
Psicologia
Saúde e Nutrição
Serviço Social e Trabalho
Sociologia

CATEQUÉTICO PASTORAL
Catequese
Geral
Crisma
Primeira Eucaristia

Pastoral
Geral
Sacramental
Familiar
Social
Ensino Religioso Escolar

TEOLÓGICO ESPIRITUAL
Biografias
Devocionários
Espiritualidade e Mística
Espiritualidade Mariana
Franciscanismo
Autoconhecimento
Liturgia
Obras de referência
Sagrada Escritura e Livros Apócrifos

Teologia
Bíblica
Histórica
Prática
Sistemática

REVISTAS
Concilium
Estudos Bíblicos
Grande Sinal
REB (Revista Eclesiástica Brasileira)

VOZES NOBILIS
Uma linha editorial especial, com importantes autores, alto valor agregado e qualidade superior.

VOZES DE BOLSO
Obras clássicas de Ciências Humanas em formato de bolso.

PRODUTOS SAZONAIS
Folhinha do Sagrado Coração de Jesus
Calendário de mesa do Sagrado Coração de Jesus
Agenda do Sagrado Coração de Jesus
Almanaque Santo Antônio
Agendinha
Diário Vozes
Meditações para o dia a dia
Encontro diário com Deus
Guia Litúrgico

CADASTRE-SE
www.vozes.com.br

EDITORA VOZES LTDA.
Rua Frei Luís, 100 – Centro – Cep 25689-900 – Petrópolis, RJ
Tel.: (24) 2233-9000 – Fax: (24) 2231-4676 – E-mail: vendas@vozes.com.br

UNIDADES NO BRASIL: Belo Horizonte, MG – Brasília, DF – Campinas, SP – Cuiabá, MT
Curitiba, PR – Fortaleza, CE – Goiânia, GO – Juiz de Fora, MG
Manaus, AM – Petrópolis, RJ – Porto Alegre, RS – Recife, PE – Rio de Janeiro, RJ
Salvador, BA – São Paulo, SP